Bergen
Sognefjellsveien
Atlantikstraße
Polarkreis
Lofoten
Alta
Nordkap

IMMER LINKS DER ATLANTIK

Für Katrin, Tristan und Valerian –
meine unverzichtbaren Weggefährten auf
der spannenden Reise des Lebens.
Hört niemals auf, euren Herzen zu folgen
und nach den Sternen zu greifen!

MARCUS HAID

IMMER LINKS DER ATLANTIK

Mit dem Bulli von Gibraltar ans Nordkap

Mit Illustrationen von
DIETER BRAUN

KNESEBECK

Inhalt

EINE JAPANREISE MIT UNGEAHNTEN FOLGEN

Wie alles begann ...

364 Tage im Jahr sind die Straßen rund um den Kanayama-Schrein eine eher ruhige, verschlafene Angelegenheit. Nur wenige Spaziergänger frequentieren die Gehsteige des Daishi-Bezirks von Kawasaki, Japans neuntgrößter Stadt.

Heute ist alles anders. Eine wogende Flut von menschlichen Körpern schiebt sich wie eine endlose, wabernde Masse durch die Straßen und Gassen. Berührungsängste oder Klaustrophobie wären heute schlechte Begleiter. Dicht gedrängt, johlend und singend versuchen Tausende von Menschen einen Blick auf einen der drei Mikoshi des Kanayama Jinja zu erhaschen. Drei Gruppen von Trägern bahnen sich einen Weg durch die Menschenmassen, auf ihren Schultern die tragbaren Schreine. Der erste Mikoshi ist ein riesiger Phallus aus glänzendem, schwarzem Metall, dahinter folgt ein weiterer Phallus, älter und aus Holz gefertigt. Die Träger sind in Happi, traditionelle japanische Jacken, gekleidet und tragen breite Schweißbänder auf der Stirn. Einige haben nur einen Lendenschurz umgelegt, den traditionellen Fundoshi. Der heimliche Star der Prozession ist aber der riesige rosafarbene Penis, etwas jüngeren Datums, getragen von einer Truppe von Transvestiten und Transgender.

Es ist der 1. April 2012. Katrin und ich lassen uns durch die Menschenmassen beim Kanamara-Matsuri treiben. Ein Fest, das bereits für unser Verständnis sehr skurril und freizügig anmutet, im disziplinierten Japan auf den ersten Blick unvorstellbar erscheint, dessen Wurzeln aber Jahrhunderte in die Geschichte und die Religion

▾ Während der Arbeit an der Live-Reportage »Japan«: Foto-Filmshooting mit einer Maiko in einem Teehaus in Kyoto.

▸ Sakura – die Kirschblüte: Katrin unter einem Kirschbaum während unserer ersten Japanreise.

des Landes zurückreichen. Ich arbeite gerade an meiner neuen Live-Reportage über Japan. Wir sind auf unserer zweiten großen Reise zur Zeit der Kirschblüte in diesem faszinierenden und geheimnisvollen Land unterwegs. Ich hatte von dem Fest gehört und wollte mir vor Ort nun selbst ein Bild davon machen.

Ausgangspunkt und Zentrum dieses shintoistischen Fruchtbarkeitsfests ist der Kanayama-Schrein. Seit Jahrhunderten beten hier Paare um Fruchtbarkeit und eine harmonische Ehe, Prostituierte erbaten – vor den Errungenschaften der modernen Medizin – Heilung von Geschlechtskrankheiten.

Das Treiben im Schrein ist nicht minder skurril als die Mikoshi-Prozession. Bier fließt in Strömen, eine alternde Rockband spielt den Kawasaki-Rock, aus Daikon – weißen Riesenrettichen – können Besucher einen Penis schnitzen und an unzähligen Ständen werden alle möglichen Utensilien in sehr eindeutigen Formen verkauft. Allen voran Lutscher in Form männlicher und weiblicher Geschlechtsteile, die Jung und Alt mit viel Spaß genießen – denn Altersgrenzen scheint es keine zu geben, alle Generationen vermischen sich in der fröhlichen Masse der Festivalbesucher. Ich kann nur staunen, mit welch erfrischender Selbstverständlichkeit sich hier alles um sexuelle Symbolik und Gleichberechtigung aller sexuellen Orientierungen dreht.

Eine weitere Attraktion des Fests zieht meine Aufmerksamkeit auf sich. Ein riesiger hölzerner Phallus, daneben eine endlos scheinende Menschenschlange. Jeder wartet geduldig, bis er an der Reihe ist, um sich rittlings auf den hölzernen Penis zu setzen. Kräftig mit beiden Händen gerieben soll dieser Glück und Fruchtbarkeit spenden. Diesen Spaß lasse ich mir natürlich nicht entgehen und stelle mich an. Nach einer gefühlten Ewigkeit bin ich an der Reihe, besteige den Phallus und reibe die Eichel kräftig mit beiden Händen.

»Na, da bin ich mal gespannt, wie sich das jetzt auf die Fruchtbarkeit auswirkt«, ruft mir Katrin mit einem Augenzwinkern zu.

Einige Tage später trennen sich unsere Wege. Katrins Urlaub neigt sich dem Ende zu, sie muss wieder nach Hause fliegen. Ich werde noch einige Wochen in Japan bleiben, um weiter an meiner Dokumentation zu arbeiten. Nichts ahnend, welche weitreichenden Folgen das Ritual beim Kanamara-Matsuri-Fest haben sollte ...

▲ Mit Mama, Papa (nicht im Bild) und meiner Schwester auf großer Tour durch die USA im Jahr 1979.

Der hölzerne Phallus hat Wort gehalten: Das neu entstehende Leben ist bereits mit an Bord auf Katrins Rückflug. Neun Monate später sollte unser Sohn Tristan Ryu das Licht der Welt erblicken und unsere Welt auf wundervolle Weise für immer verändern.

Mein Arbeitsleben bestand bisher im Wesentlichen aus drei Aspekten: wochen- und monatelange Reisen in alle Welt, in den reisefreien Zeiten arbeitsintensive Produktionen meiner Live-Reportagen, die ich dann auf ausgedehnten Vortragstourneen in Deutschland, Österreich und der Schweiz präsentierte. Mit anderen Worten, zuhause war ich nur sehr selten. Ein Lebensstil, den ich als Vater nicht mehr aufrechterhalten kann, dies vor allem aber auch nicht mehr will. Denn eines ist mir klar: Die bedeutendste und schönste Reise des Lebens liegt nun vor mir – das große Abenteuer, ein Kind in die Welt zu begleiten.

Wie so oft liegen Erkenntnis und Umsetzung nicht zwangsläufig auf derselben Tangente. Wie kann ich meine Arbeit und meinen Lebenstraum fortführen und gleichzeitig aktiv am Familienleben teilnehmen? Wie soll ich es schaffen, meinen Lebensunterhalt zu verdienen, aber auch nachhaltig im Leben meines Sohnes präsent zu sein? Ein Dilemma, aus dem ich zunächst keinen Ausweg erkennen kann. Ich würde wohl einen neuen Zugang zu meiner Arbeit finden müssen.

Tristan leidet in den ersten Lebensmonaten wie viele Kinder an starken Bauchschmerzen. Wir versuchen, auf alle nur erdenklichen Arten seine Krämpfe zu lindern, letztlich ist das Einzige, was wirklich hilft, mit Papa Bauch an Bauch auf der Couch zu schlafen. Und so sitze ich jeden Tag stundenlang auf dem Sofa – an meinen Bauch gekuschelt ein friedlich schlafender Tristan. Für mich sind es wunderschöne Zeiten der Zweisamkeit, in denen ich sehr viel Muße zum Nachdenken habe. Und zum Träumen, wenn mich irgendwann auch die Müdigkeit übermannt.

Meine Gedanken schweifen zurück in meine eigene Kindheit. Meine Eltern waren sehr reiselustig, und wenn wir Kinder nicht in die Schule mussten, dann waren wir meistens irgendwo unterwegs. Es gab viele kürzere Reisen und Ausflüge in Europa, vor allem aber sind wir häufig in den USA gewesen. Meine erste Erfahrung mit langen Touren machte ich im Alter von nur sechs Jahren während einer neunwöchigen Fahrt quer durch die Vereinigten Staaten von Amerika.

Das Fotografieren hatte ich auch schon recht früh entdeckt, zuerst waren es die Foto- und Filmkameras meines Vaters, bis ich dann meine erste eigene Kamera geschenkt bekam und die Fotografie zu meiner dauernden Reisebegleiterin wurde.

In der Retrospektive haben mich die vielen Reisen geprägt. Unterwegs zu sein, die Welt zu entdecken wurde zu einem Teil meiner Persönlichkeit und blieb auch in meinem Erwachsenenleben ein zentraler Bezugspunkt. Lange habe ich es nie zuhause ausgehalten. Unvergesslich die wunderbaren Reisen nach Irland mit Freunden und erstmals ohne Eltern – richtungweisende Gefühle der grenzenlosen Freiheit an der Schwelle vom Kind zum Mann.

Mit der Zeit entwickelte sich der starke Drang, die Erfahrungen des Reisens noch zu intensivieren und die Rolle des Besuchers gegen die des Einheimischen zu tauschen. Mein Gefühl war, dass ich fremde Länder und Kulturen nur wirklich tiefgründig erfahren könnte, wenn ich länger an einem Ort bliebe. Und so lebte ich während meines Studiums ein Jahr in Irland, arbeitete zwei Jahre in London und vervollständigte meine lebenslange Beziehung zu den USA durch einen vierjährigen Aufenthalt in San Francisco. Während ich diese Zeilen schreibe, wird mir erstmalig bewusst, dass ich in Summe über elf Jahre – ein Viertel meines Lebens – unterwegs und in anderen Ländern gelebt habe.

Das Reisen und Fotografieren machte ich letztlich zu meinem Beruf. Nach Jahren der Arbeit in diesem Bereich begannen nun aber Zweifel an mir zu nagen. Was erzählt man als Reisejournalist noch Neues, wie kann man in der heutigen Flut von Reiseberichten authentisch und originell bleiben? Eine mögliche Antwort lag in der Rückbesinnung auf das, was es einmal bedeutet hat zu reisen.

Schon länger beschäftigten mich zwei Fragen: Was ist eigentlich die Essenz des Unterwegsseins? Warum ziehen wir gerade aus Reisen unauslöschliche und prägende Erinnerungen, die wir ein Leben lang in unseren Gedanken tragen? Hinter dem Schleier dieser Überlegungen, so bin ich überzeugt, verbargen sich genau die Gefühle und Erlebnisse, die ich bereits aus meiner Kindheit und Jugend kannte und die das Reisen für mich schon immer so besonders gemacht haben.

Über allem schwebend aber die Frage, ob es möglich sein würde, meinen Traum des professionellen Reisens und der Fotografie in dieser neuen Lebensphase weiterzuleben. Wenn ja, dann nur gemeinsam, als Familie ...

An einem der vielen Abende auf dem Sofa – Tristan schläft zufrieden auf meinem Bauch – tragen mich meine Gedanken zurück in die USA und zu einer wunderbaren Tour. Nach vier Jahren Studium und Arbeit in San Francisco hatte ich beschlossen, wieder nach Europa zurückzukehren. Aber nicht ohne vorher noch einmal auf große Reise zu gehen. Für 700 US-Dollar kaufte ich einen alten, klapprigen Van und fuhr los – zehn Wochen quer durch die USA von der Westküste an die Ostküste. Damals natürlich noch nicht ahnend, dass dieser Roadtrip der Vorläufer für eine noch größere und ambitioniertere Reise viele Jahre später sein sollte.

Wie das letzte fehlende Puzzlestück fügen sich diese Erinnerungen nahtlos in eine Idee, die mir schon länger als loses Konzept im Kopf herumgeistert. Eine Süd-Nord-Traverse Europas entlang der Küste des Atlantiks – Spanien, Portugal, Frankreich, England, Wales, Irland, Schottland und Norwegen. Tausende von Kilometern durch viele Kulturkreise vom Mittelmeer bis weit jenseits des Polarkreises. Damit verbunden das Bild des Atlantiks, eines Ozeans, der sowohl die Geschichte und Entwicklung Europas als auch die Geschicke der Menschen über viele Jahrhunderte in vielfältiger Weise fundamental beeinflusst hat.

Als ich in mich hineinhöre, wird mir klar, dass ich genau das will. Mich wieder einmal auf eine echte Reise begeben, ohne konkrete Pläne, ohne Drehbuch, frei und ungebunden. Einfach ins Auto und weg ... Eine Rückbesinnung auf eine andere schon etwas in Vergessenheit geratene Ära des Reisens, entschleunigt und auf das Wesentliche konzentriert. Erinnerungen an meine Kindheit. Und damit einhergehend auch die Erkenntnis, dass es nun meine Aufgabe ist, diese Tradition des Reisens an meine Kinder weiterzugeben.

I 9678 AD

UNSER BULLI

Ein erster Traum wird wahr

◂ Eine Dachbox dient als zusätzlicher Stauraum für das Gepäck unserer viermonatigen Reise.

Meine Leidenschaft für Oldtimer übermannt mich, und ich komme zu dem Schluss, dass man der Entschleunigung doch ein wenig nachhelfen kann. So eine Reise verlangt nach einem besonderen Fahrzeug. Einem Reisemobil mit Kultstatus, einem Fahrzeug, das für ein Gefühl der Freiheit steht, einem Auto, das sofort Erinnerungen an Reisen und Urlaube weckt.

Gibt es überhaupt so ein Fahrzeug, das all das in sich vereint? Eine Frage, die ich relativ schnell mit Ja beantworten kann. Die Wahl fällt auf eine Ikone der Autogeschichte – einen Volkswagen T2 »Bulli« Westfalia, Baujahr 1979, für viele Generationen Inbegriff von Abenteuer, Spaß und Reisen.

Egal mit wem ich über dieses Fahrzeug spreche, es ist immer eine ähnliche Geschichte. »Ja, so einen hatten wir auch einmal ...«, »Das weckt Erinnerungen ...«, »Mit dem sind wir damals zu fünft zum Campen gefahren, inklusive Oma, Hund und Goldhamster ...«, »... und vorn haben wir über den Sitzen noch eine Hängematte reingebastelt«.

Kaum jemand, der nicht eine T2-Geschichte zu erzählen hätte. Mir selbst ergeht es auch nicht anders, und ich muss an die eigene Matura-Reise denken – mit Schulfreunden an den Gardasee in einem T2 Bulli. Vermutlich ist diese Tour mir auch deswegen so lebendig in Erinnerung geblieben, weil es die gesamte Fahrt über in Strömen regnete und die Scheibenwischer ausgefallen waren. Damals legten wir uns abwechselnd auf den Fahrzeugboden und bedienten das

▾ Das Herzstück unseres Bullis: der original luftgekühlte VW-Motor mit 1600 Kubikzentimeter und fünfzig PS Leistung.

▴▴ Unersetzlich für die Reisevorbereitungen: Automechaniker Charly hilft uns mit seiner Expertise und mit viel Geduld.
▴ Die einfache, aber funktionelle Innenausstattung unseres Bullis besteht aus Klappbett, Kasten, Kühlschrank, Spüle und Gaskochfeld.

Gestänge von Hand, wenn das Kommando des Fahrers kam. Wichtigstes Utensil – der Zelthammer, den wir benötigten, wenn das Wischgestänge stecken blieb!

Allein von 1950 bis 1979 sind weltweit rund 5,5 Millionen T1 und T2 vom Band gelaufen, die folgenden Modellgenerationen T3, T4, T5 und T6 mit dem nahezu unveränderten Grundkonzept sollten die Statistik noch um einige Millionen Stück nach oben korrigieren. Kaum ein anderes Fahrzeug symbolisiert über Generationen das Gefühl von grenzenloser Freiheit und Abenteuer, ob am Hippie-Trail nach Indien, entlang der Panamericana, durch die Sahara oder in millionenfacher Ausfertigung an den Campingplätzen der Adria.

Woher kommt die Faszination für solch ikonische Fahrzeuge? Für mich persönlich ist es das Gefühl, dass solche Autos noch eine Persönlichkeit, eine Seele haben. Zwar auch in Massen produziert, aber ohne das manchmal zweifelhafte Flair der glattgebügelten Massenware von heute.

Irgendetwas strahlt dieses Fahrzeug aus. Nicht umsonst ziehen die Busse auch jüngere Generationen magnetisch an und sind in bestimmten Lifestyle-Nischen wie dem Surfen zu Kultobjekten avanciert. Vielleicht ist es ein Versuch, eben dieses besondere Gefühl der Vergangenheit in die heutige Zeit zu transportieren.

Schnell stelle ich dann aber fest, dass so ein Fahrzeug zu finden oder besser gesagt in fahrbarem Zustand zu finden, bereits ein Abenteuer für sich ist. Abenteuerlich sind dabei vor allem die Anforderungen an die Geldbörse. Als ich die Kleinanzeigen in diversen Autobörsen studiere, wird mir immer mulmiger. 30 000 Euro, 40 000 Euro, wunderbar restaurierte Exemplare bis zu 70 000 Euro. Wehmütig denke ich an meinen 700-US-Dollar-Van in den USA. So günstig würde es diesmal wohl nicht ablaufen.

Ein billiges Restaurationsobjekt kommt nicht infrage, dazu fehlt mir einerseits die Expertise, andererseits aber auch die Zeit. Wir wollen noch in diesem Jahr aufbrechen. Ich bin schlussendlich schon kurz davor, aufzugeben und das Projekt zu verwerfen. Wie es der Zufall und eine ordentliche Portion Glück aber wollen, entdecke ich eine Anzeige für einen Bulli – noch dazu keine vierzig Kilometer von meinem Wohnort entfernt und ganz genau das, wonach ich suche.

Jetzt muss es schnell gehen, damit mir niemand zuvorkommt. Das Bankkonto wird geplündert, und dann steht er da, unser Bulli. Ein orange-weißer T2, original Westfalia-Ausführung, Baujahr 1979. Luftgekühlter Motor mit dem so vertrauten Volkswagen-Sound, fünfzig PS, Viergang-Schaltung und eine Reisegeschwindigkeit von achtzig Kilometern pro Stunde. Dreieckige Ausstellfenster liefern in Ermangelung einer Klimaanlage Abkühlung in südlichen Gefilden. Im Inneren eine reduzierte, aber funktionelle Campingausstattung mit Schränken, einem Gaskochfeld, Spüle und Kühlschrank. Die simple Textilbespannung des Aufstelldachs erinnert an Zeltübernachtungen früherer Tage, als man bei Regen noch tunlichst darauf achtete, keinen Kontakt mit der Zeltplane zu haben, um ungewollte Wasserbrücken zu vermeiden.

Der Bus ist in sehr gutem Zustand, aber für so eine lange Reise müssen trotzdem einige Dinge instand gesetzt und optimiert werden. Und so mache ich mich auf die nicht minder abenteuerliche Suche nach diversen Ersatzteilen. Natürlich immer mit der Hoffnung, im Fall der Fälle während der Reise auf einen Automechaniker zu treffen, der noch etwas mit alten VWs anzufangen weiß, denn außer Kleinigkeiten kann ich selbst nichts reparieren.

Eine der größten Herausforderungen ist es, den auf moderne Gurtsysteme ausgelegten Kindersitz auf der Hinterbank zu befestigen. Nach einiger Tüftelei, etwas Erfindergeist und Kreativität gelingt es mir dann, die Babyschale mithilfe von zwei Beckengurten sicher zu befestigen. Ich bin ein wenig stolz auf meinen handwerklichen Beitrag zur Reisevorbereitung, für die größeren Dinge benötige ich aber Hilfe.

▾ Kleines Zuhause: Schlaf-, Spiel- und Liegefläche für den vier Monate alten Tristan.

▸ Vier Monate grenzenlose Freiheit: Wir sind unterwegs auf der Isle of Mull, Schottland.

IL 770 KH

◂ Ich habe alles, was Ich brauche: ein rollendes Zuhause, viele neue Eindrücke und vor allem Mama und Papa – 24 Stunden lang.
▾ Bulli-Fahren ist so cool!

▾ So schön ist unser wunderbares Bulli-Leben in südlichen Gefilden: Sonne, Wärme und Frühstück im Freien.

Von unschätzbarem Wert für die Vorbereitungen ist mein Automechaniker Charly – ohne seine unerschöpfliche Geduld und Expertise hätten wir den Bus wohl nie reisefertig bekommen. Einige Verschleißteile werden zur Sicherheit getauscht, soweit möglich der Motor überprüft, die hakelige Schaltung noch etwas optimiert. Wir erstellen eine Liste von Ersatzteilen, die unterwegs wahrscheinlich schwierig zu bekommen sind und die ich für den Fall der Fälle mitnehme. Diese Vorbereitungen verschaffen ein wenig mentale Sicherheit und ein gutes Gefühl. Mir ist aber natürlich klar, dass wir nicht für alle Eventualitäten vorsorgen können und ein Defekt am Fahrzeug das Ende der Reise bedeuten kann.

Die Reaktionen in unserem Umfeld umspannen die Skala von »Das ist ja verrückt mit so einem kleinen Kind« bis »Wunderbar, dass ihr so etwas macht«. Wir verlassen uns auf unsere Instinkte und sind überzeugt, dass Tristan alles hat, was er benötigt – ein rollendes Zuhause, genug zu essen und zu trinken, viele neue Eindrücke und vor allem Mama und Papa, 24 Stunden am Tag.

Tristan ist vier Monate alt, als wir zu unserer großen Reise aufbrechen. Vier Monate, acht Länder, 22 000 Kilometer durch viele Kulturkreise vom Mittelmeer bis jenseits des Polarkreises, von der mediterranen Hitze Südspaniens bis in die kalten Polarnächte Norwegens – von Spanien über Portugal, Frankreich, England, Wales, Irland, Schottland bis nach Norwegen. Und immer links der Atlantik …

TAGEBUCH KATRIN

Zweifel vor der Reise

»Du bist verrückt!«, »Du wirst es bestimmt bereuen«, »Ich finde es verantwortungslos, mit einem Baby so eine Reise zu machen« – nur ein kleiner Auszug dessen, was mir an Einwänden entgegenschlägt. Aber es gibt auch positive Stimmen in meinem Umfeld: »Wow, ich beneide dich«, »Du wirst sehen, das ist gar kein Problem«, »Ihr seid echt coole Socken!«, »Das kannst du nie wieder so erleben!« Und auch mein Bauchgefühl sagt mir ganz deutlich, dass es für Tristan in diesem Alter am wichtigsten ist, bei mir zu sein. Egal ob daheim oder im Bulli. Dennoch bin ich verunsichert: Was ist, wenn er krank wird, was, wenn es beim Stillen Probleme gibt, schaffe ich das überhaupt alles? Ich ziehe Bilanz: Nahrung und Wasser sind kein Problem – ich stille –, größere Kleidung kann ich unterwegs, wenn nötig, kaufen, die Bulli-Apotheke ist gut aufgefüllt und die Telefonnummer der Kinderärztin eingespeichert, Mama und Papa sind mit dabei. Alles perfekt für Tristan, würde ich sagen!

Praxistipp

EMPFEHLENSWERTE VORBEREITUNGEN FÜR EINE LANGE REISE

Versicherungen

In unseren Reisevorbereitungen haben wir uns als Vorsorge für folgende Versicherungen entschieden:

- Generelle Reiseversicherung
- Unfall- und Krankenversicherung für die ganze Familie: auf Gültigkeit in allen Ländern achten
- Mitgliedschaft im Automobilclub: zum Beispiel ADAC, ÖAMTC, für Autopannen, Abschleppen, Rückhohlkosten, Übernachtungskosten etc. (Jahresbeiträge sehr gering im Vergleich zu den möglicherweise enorm hohen Kosten im Falle einer Panne)

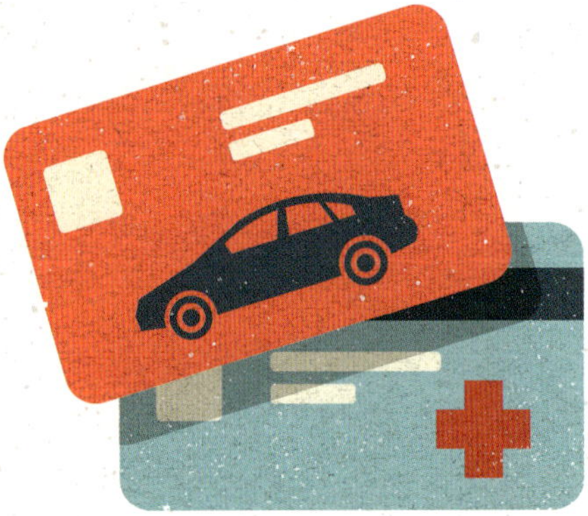

Ersatzteile

Jeder Oldtimer hat eigene Anforderungen an Ersatzteile. Man kann aber davon ausgehen, dass es generell schwierig und zeitaufwendig ist, unterwegs Teile zu bekommen. Sinnvoll ist das Mitführen eines Ratgebers für Problemdiagnosen und Reparaturanleitungen – diese Ratgeber gibt es für viele Oldtimer in Buchform. Natürlich ist es ein Ding der Unmöglichkeit, für alle Eventualitäten vorbereitet zu sein. Wenn man selbst wenig technische Erfahrung hat, sollte man sich vor Reisebeginn von einem Fachmann beraten lassen und eine Liste an sinnvollen, leistbaren und transportablen Ersatzteilen zusammenstellen. Auf unserer Reise haben wir im Wesentlichen Folgendes dabei:

- Unterbrecherkontakte Zündung
- Abdeckung für Zündverteiler
- Kondensator Zündverteiler
- Verteilerfinger Zündung
- Zündspule
- Zündkerzen

- Schaltgestänge
- Gaszug
- Kupplungsseil
- Benzinpumpe

Packliste

Da wir grundsätzlich in Westeuropa unterwegs sind, gibt es eine flächendeckende und gute Versorgung mit Dingen des täglichen Bedarfs (mögliche Ausnahmen: dünn besiedelte Gebiete in Schottland und Norwegen). Die wichtigsten Eckdaten unserer Packliste:

- Kleidung für mindestens drei Jahreszeiten: Es kann auch im Sommer empfindlich kalt werden, mit nächtlichen Temperaturen knapp über dem Gefrierpunkt. Speziell auf den britischen Inseln herrscht sehr wechselhaftes Wetter. Nordnorwegen kann am Ende des Sommers schon sehr kühl sein.
- Funktionelle Kleidung: unempfindlich und leicht zu reinigen, schnell trocknend (eingeschränkte Waschmöglichkeiten)
- Regenkleidung: wichtig für Outdoor-Aktivitäten auch bei schlechtem Wetter
- Portables Moskitonetz zum Schlafen
- Moskitonetz für Kinderwagen
- Babyutensilien: Nahrung, Windeln, Pflegeprodukte – speziell wenn besondere Bedürfnisse bestehen. Es kann sein, dass man unterwegs keine vergleichbaren Produkte findet.
- Reiseapotheke: zusätzlich zum Standard – in Absprache mit dem Hausarzt – Vorrat an möglicherweise notwendigen, verschreibungspflichtigen Medikamenten. Es kann unterwegs sehr mühsam sein, Verschreibungen zu erhalten, auch aufgrund von Sprachbarrieren.
- Kinderspielzeug: für gutes und schlechtes Wetter

I 9678 AD

// MAI // 2800 KILOMETER // 11 TAGE

EIN HOLPRIGER START

Über den Brenner in Richtung Süden

◂ Unser Bulli: am Straßenrand ausgerollt mit gerissenem Gaszug.

Wie jeder lange Weg beginnt auch diese Reise mit dem ersten Schritt beziehungsweise den ersten Kilometern. Im Mai 2013 starten wir zu unserem großen Abenteuer. Wir fahren über die Alpen und am Gardasee vorbei an die ligurische Küste in der Nähe von Genua.

Die romantisch-verklärten Vorstellungen des Oldtimer-Fahrens weichen recht schnell der Realität. Der Bulli ist vollgeladen für eine monatelange Reise, an Bord zwei Erwachsene und ein Baby – gut 1,5 Tonnen Gewicht, die von fünfzig PS den Brennerpass hochgefahren werden wollen. Weite Strecken mit vierzig Kilometern pro Stunde im frustrierenden Niemandsland zwischen zweitem und drittem Gang.

Zum Glück verläuft die Reise ab der italienischen Grenze durch relativ flaches Gelände. Dass uns in Norwegen noch einige herausfordernde Bergstrecken bevorstehen, verdränge ich in diesem Moment erfolgreich, indem ich mir sage, dass ich mir darüber erst in einigen Wochen und vielen Tausend Kilometern den Kopf zerbrechen muss. Die hakelige Schaltung allerdings, die fehlende Servolenkung und die über dreißig Jahre alte Technologie der Bremsanlage werden uns die gesamte Reise begleiten.

Wie gut, dass der Bulli nur vier Gänge hat, selbst diese beim Schalten zu finden, ist eine konstante Herausforderung, um nicht zu sagen Glücksspiel. Ganz besonders spannend wird es immer, wenn ich versuche, den Rückwärtsgang einzulegen. Immerhin gelingt es meistens bei einem von zehn Versuchen – beim Oldtimer-Fahren lernt man Bescheidenheit.

TAGEBUCH KATRIN

Oldtimer fahren

Bereits nach wenigen Hundert Kilometern stelle ich etwas Erstaunliches fest: Mir gefällt die Geschwindigkeit des Bullis. Normalerweise sind Autofahrten von Marcus und mir, sagen wir mal, eher etwas angespannt. Ich bin keine gute Beifahrerin – ich finde, auf dem Beifahrersitz fühlt sich alles schneller an. Nicht so bei unserem Bulli. Achtzig Kilometer pro Stunde sind perfekt für mein Wohlbefinden. Ich genieße es, alles langsam an mir vorbeiziehen zu sehen, und Marcus genießt das Fahren ohne Meckern – das sehe ich ihm an!

Lenkbewegungen erfordern beherztes Zugreifen, der Wendekreis fühlt sich an wie der eines Sattelschleppers – hatte ich den Rückwärtsgang schon erwähnt? –, im Stand zu manövrieren, wird zu einem Kraftakt. Wenigstens muss ich mir um die Alternative zum Besuch im Fitnessstudio keine weiteren Gedanken machen. Arm- und Schultertraining würde ich in den nächsten Wochen genügend haben.

Die über die Jahre schon fast vergessene Stimme meines Fahrlehrers wird plötzlich wieder sehr präsent in meinem Hinterkopf – »vorausschauend fahren, bremsbereit sein« –, mit einem gefühlten Bremsweg eines vollbeladenen Vierzigtonners auf Neuschnee wird mir klar, was er damals gemeint hat.

Nach einigen Stunden Fahrt gelingt es mir dann, ein anfänglich nur diffus wahrgenommenes Gefühl in Worte zu fassen: Am Steuer des Bullis fühle ich mich deswegen so anders, weil ich mich auf das Fahren selbst und auf das Fahrzeug konzentriere – ein Umstand, der über die vielen Jahre und mit den immer moderner werdenden Autos abhandengekommen ist.

Das Wetter lässt zu wünschen übrig. Seit Stunden regnet es in Strömen, Nebelschwaden hängen in den Bergen und es ist bitterkalt. Erstmals spüren wir auch, was sich in Sachen Komfort seit 1979 getan hat und wie sehr man sich daran gewöhnt hat. Im Bus ist es klamm, feucht und kalt.

Erst spät am Abend erreichen wir einen Campingplatz in der Nähe von Genua. Wir sind todmüde, die Zeit vor der Abreise mit den vielen Planungen und Vorbereitungen ist sehr anstrengend gewesen. Wir sind natürlich nicht an das Campen gewöhnt, und es ist die erste Nacht in beengten Verhältnissen mit einem kleinen Kind. Die Stimmung ist etwas angeschlagen. Das Wetter hat sich seit dem Anstieg zum Brenner nicht verbessert. Draußen tobt ein Gewitter, Katrin und Tristan sind endlich eingeschlafen und auch ich verkrieche mich todmüde in meinen Schlafsack im oberen Stock des Bullis. Kurze Zeit nachdem ich eingeschlafen bin, schrecke ich wieder hoch, als mir Wasser aufs Gesicht tropft. Im Dunkeln taste ich um mich und fühle, dass mein Kopfpolster nass ist. Ich schalte die

▾ Aller Anfang ist schwer: die erste Nacht in ungewohnter Umgebung.

◂ Die erste Panne ereignet sich zwischen Barcelona und Valencia.
▾ Gar nicht so einfach, nach Gibraltar zu kommen: Das sind 2800 Kilometer und eine Reise für sich.

Taschenlampe an und sehe einen Fleck auf meiner Matratze, etwas weiter unter mir am Boden eine noch weitaus größere Wasserlache. Ausgehend von einem Befestigungspunkt der Verstrebung läuft ein Rinnsal entlang der Dachschräge. Überall tropft es.

Das Aufstelldach ist undicht. Wir verbringen die nächste Stunde damit, den Innenraum trocken zu bekommen und das Dach notdürftig zu reparieren. Ich liege in dieser Nacht noch lange wach und frage mich, ob ich meiner Familie nicht doch ein wenig zu viel zumute.

Am nächsten Morgen aber begrüßt uns ein wunderschöner Tag, und die Gespenster der Nacht verschwinden. Als ich Tristan zum ersten Mal das Meer zeigen kann und in sein lachendes Gesicht blicke, bin ich in meiner Entscheidung bestärkt, gemeinsam mit meiner Familie auf eine wunderbare Reise zu gehen.

Theorie und Praxis liegen wie so oft weit auseinander. Auf der Karte und ohne nennenswerte Oldtimer-Erfahrung hatte die Strecke zum Ausgangspunkt eigentlich überschaubar ausgesehen. Der Weg nach Gibraltar hat es aber in sich: 2800 Kilometer in einem Oldtimer mit einer Geschwindigkeit von achtzig Kilometern pro Stunde ist

TAGEBUCH KATRIN

Die erste Nacht

Hier sitze ich nun im beengten VW-Bus. Fernab von unserem Zuhause, meinem großen Bett und meinen Freunden. Tristan ist zum Glück schnell eingeschlafen, aber in mir kämpfen Zweifel und Hoffnung miteinander. Ich schaffe das nicht, diese Enge, der wenige Platz – ich will heim! Mir ist zum Heulen. Ich muss mit Marcus reden. Er muss wissen, was mit mir los ist. Der Vorteil an der Enge ist, dass man nichts verbergen kann. Schon bald kommt Marcus auf mich zu: »Ich weiß, es ist schrecklich ungewohnt für dich. Noch dazu regnet es, und wir können nicht raus. Ich mache dir einen Vorschlag: Wir fahren eine Woche lang weiter, organisieren uns im Bus, schmeißen ein paar Sachen raus usw. Wenn du nach dieser Woche immer noch heim willst, verspreche ich dir, wir drehen um.« Diese Worte beruhigen mich – nicht ahnend, dass ich in ein paar Tagen nichts mehr davon wissen will.

▲ Mediterraner »Kurzurlaub« in Peñiscola während der Reparatur unseres Bullis.
▼ Die Tempelritter-Burg von Castillo de Peñíscola stammt aus dem 14. Jahrhundert.

▸ Tristan sieht zum ersten Mal in seinem Leben das Meer.

◂ Katrin und Tristan beim morgendlichen Spaziergang am Strand.

eine ziemlich lange Strecke und, wie sich noch herausstellen sollte, ein Abenteuer für sich ...

Ungefähr auf halbem Weg zwischen Barcelona und Valencia unterhalten Katrin und ich uns darüber, was wir wohl machen würden, wenn wir eine Autopanne hätten. Es folgt eine Lektion darin, dass man den Teufel nicht an die Wand malen soll. Keine halbe Stunde nach unserem Gespräch ertönt ein kurzes metallische »Zing« und das Gaspedal fällt während des Fahrens ohne Widerstand auf den Fahrzeugboden durch – der Gaszug ist gerissen.

Ein Blick in die Ersatzteilkiste verrät, dass ein neues Kabel mit dabei ist. So weit, so gut, allerdings muss der Bus abgeschleppt werden, denn am Straßenrand kann das nicht repariert werden. Wie sollte es auch anders sein, es ist Samstagnachmittag, die Werkstätten sind schon geschlossen und Montag ist ein Feiertag. Vor Dienstag wird sich also niemand des Bullis annehmen können. Wir haben aber trotzdem Glück im Unglück, der nächstgelegene Ort mit Werkstatt ist Peñiscola, eine schöne kleine Stadt an der spanischen Costa del Azahar. Den unfreiwilligen Stopp verwandeln wir kurzerhand in einen Mini-Urlaub am Mittelmeer.

Nach ein paar Tagen ist der Gaszug erneuert und wir sind wieder auf dem Weg nach Gibraltar. Weit kommen wir allerdings nicht. Mir war schon aufgefallen, dass der Motor seit einiger Zeit keinen sauberen Klang mehr hatte und unrund lief. Schließlich lässt sich der Bus kaum noch starten und hat die Tendenz, im Leerlauf abzusterben. An einer Raststätte zwischen Murcia und Granada in Südspanien ist vorerst wieder einmal Schluss. Selbst ist da nichts zu machen, also suchen wir jemanden mit Know-how und geeignetem Werkzeug.

Kein Glück in der ersten Werkstatt – die Mechaniker geben auf. Aber, so meinen sie, es gebe noch eine zweite Werkstatt im Ort, vielleicht könne man uns dort weiterhelfen. Die Hoffnung steigt, als sich der Chef dort, er ist etwa Mitte fünfzig, selbst um den Bus kümmert. Die Chancen, dass er alte luftgekühlte Motoren noch aus seinen Anfangszeiten als Mechaniker kennt, stehen gut. Irgendetwas auf Spanisch murmelnd verschwindet er bis zu den Schulten im Motorraum hinter der Klappe am Heck des Fahrzeugs.

Erste Diagnose, der Unterbrecherkontakt im Zündverteiler ist total verbrannt. Das sollte natürlich nicht sein, zumal ich dieses Teil vorsichtshalber noch vor Beginn der Reise hatte austauschen lassen.

Ein Griff in meine Ersatzteilkiste verschafft das benötigte Stück, und mein Gefühl, hier am richtigen Ort zu sein, verstärkt sich glücklicherweise, als der Mechaniker aus dem hintersten Eck der Werkstatt eine Stroboskop-Pistole hervorkramt – ein notwendiges Gerät, um den Zündzeitpunkt korrekt einzustellen. Offensichtlich versteht er es tatsächlich, mit alten Motoren umzugehen.

Einige Zeit später ertönt ein erlösendes Geräusch – der vertraute Volkswagen-Sound dringt aus unserem Bulli, und wir können weiterfahren. Ein mulmiges Gefühl kann ich aber trotzdem nicht ganz abschütteln. Ob da nicht doch ein tiefer gehendes Problem im Motor vorliegt?

Wir fahren immer weiter Richtung Süden, und bald schon sind am Horizont hohe Berge zu erkennen. Bei mir kommt Vorfreude auf, denn das kann nur eines bedeuten: Wir sind nicht mehr weit von Granada entfernt, wo wir nicht nur mit beeindruckender Architektur und Kultur in Berührung kommen werden, sondern auch mit einem faszinierenden Kapitel iberisch-europäischer Geschichte.

Am Fuße der schneebedeckten Berge der Sierra Nevada liegt die Stadt Granada, einstmals die letzte Bastion islamischer Herrschaft auf der Iberischen Halbinsel. Inmitten der Stadt thront Al Qal'a al-Hamra, das rote Fort oder die Alhambra, und der spektakuläre Höhepunkt maurischer Baukunst. Eine für die Sinne kaum noch wahrnehmbare Fülle an Dekorationen, Verzierungen, Spielen mit Raum, Licht und Wasser. Trotz der Besucherströme gelingt es für einige Momente, die Augen zu schließen und seine Fantasie in eine Zeit zurückzuschicken, als die nasridischen Herrscher durch diese Gemächer wanderten, Poeten, Gelehrte und Künstler Träume aus Tausendundeiner Nacht woben.

Für unsere kleine Familie heißt es jetzt, zusammenrücken, sich auf das Wesentliche konzentrieren und sich auf die gemeinsamen Erlebnisse freuen. Auch wenn die Nerven manchmal ein wenig blank liegen, wissen wir, dass wir es schaffen und uns irgendwann einmal mit vielen schönen Gedanken an unsere große Reise zurückerinnern werden.

Und der orange-weiße VW-Bus fährt weiter, immer Richtung Gibraltar ...

◂ Al Qal'a al-Hamra, das rote Fort: Die Alhambra ist der spektakuläre Höhepunkt maurischer Architektur in al-Andalus.

Historisches

AL-ANDALUS – 800 JAHRE MAURISCHE HOCHKULTUR

Ab dem Jahr 661 nach Christus beginnt der Aufstieg der Umayyaden, eines arabischen Familienclans aus Mekka, dem auch der Prophet Mohammed entstammt. Auf dem Höhepunkt der Umayyaden-Macht herrscht Kalif al-Walid ibn Abd al-Malik über ein Drittel der Weltbevölkerung und eines der größten Reiche der Menschheitsgeschichte, das sich vom Indus bis zum Atlantischen Ozean erstreckt.
Im Jahr 711 nach Christus überquert der Feldherr Tāriq ibn Ziyād auf Befehl des Kalifen mit seinem Heer die Meerenge von Gibraltar und besiegt die westgotischen Streitkräfte unter König Roderich.

Bereits zwei Jahre später befindet sich beinahe die gesamte Iberische Halbinsel unter der Kontrolle der Umayyaden. In den folgenden zehn Jahren erobern die muslimischen Heere Barcelona, überqueren die Pyrenäen und besetzen Narbonne. In diesem Gebiet im heutigen Südfrankreich endet die maurische Expansion, und weitere Aktivitäten beschränken sich auf einige Raubzüge ins Frankenreich. Der letzte großangelegte Beutezug der muslimischen Truppen findet 732 in der Schlacht von Tours und Poitiers gegen Karl Martells Frankenheer ein Ende. Im Jahr 737 sind die Franken in der Schlacht von Avignon erneut siegreich, und 759 werden die Mauren endgültig aus dem Gebiet von Narbonne vertrieben.

Die muslimischen Eroberer ziehen sich auf die Iberische Halbinsel zurück und prägen diese unter dem Namen al-Andalus über die nächsten 800 Jahre entscheidend, bis ihr letztes Königreich Granada 1492 von einem christlichen Heer zurückerobert wird. In dieser Zeit bringen die Mauren die am weitesten entwickelte Zivilisation des Mittelalters hervor, deren Architektur, Philosophie und Kultur noch heute Bewunderung findet. Al-Andalus wird zum Zentrum für den Wissenstransfer zwischen Orient und Okzident, und das Vermächtnis dieser islamischen Kultur ist unauslöschlich in der Genetik der Menschen, der Sprache, Kultur und einigen der grandiosesten Bauwerke der Welt verewigt.

◂ Träume aus Tausendundeiner Nacht: die maurische Architektur der Alhambra.
▸ Der Löwenhof (Patio de los Leones) der Alhambra: Den Namen verdankt er den zwölf Wasser spuckenden Löwen des Brunnens in der Hofmitte.

◂ Der Abencerrajes-Saal mit kunstvoll verzierter Decke im Nasriden-Palast.
▾ Die maurischen Azulejos sind dekorative Keramikfliesen.

GIBRALTAR

Pubs unter Palmen

◂ Ǧabal aṭ-Ṭāriq: Der Fels des Tāriq ist der ikonische Felsen von Gibraltar. Er wurde nach dem maurischen Feldherrn, der hier die Meerenge überquerte, benannt.

Ein paar Tage nach unserem Besuch in Granada erreichen wir schließlich Gibraltar – und damit den Ort, an dem das Mittelmeer in den Atlantik übergeht und unsere Fahrt entlang des europäischen Ozeans ihren eigentlichen Anfang nimmt. Als ich den Strand entlangspaziere, merke ich, dass die Temperaturen um diese Jahreszeit noch empfindlich kalt sind. Tristan und Katrin schlafen noch im VW-Bus. Langsam steigt die Sonne aus dem Mittelmeer im Osten auf und bemalt den ikonischen Felsen von Gibraltar mit einem sanften orangeroten Licht. Ein Gefühl der Erleichterung und Vorfreude macht sich breit. Vor uns liegt ein langer und abenteuerlicher Weg, eine dieser Reisen, die man einmal im Leben machen möchte. Werden wir es schaffen? Letzte Echos von Zweifeln, die aber mit den wärmenden Strahlen der aufgehenden Sonne auf meinem Rücken schnell dahinschmelzen.

Vor uns liegt La Línea de la Concepción, die letzte spanische Stadt vor der Meerenge, die Europa von Afrika trennt, und gleich dahinter der bemannte Grenzposten Gibraltars – ungewohnt nach den vielen freien Grenzübertritten innerhalb Europas.

Der besondere Reiz Gibraltars liegt wohl in seiner Kuriosität. Ein britisches Überseegebiet, das seit 1704 unter der Souveränität Großbritanniens steht und 1713 im Friedensvertrag von Utrecht offiziell von Spanien abgetreten wurde. Ein Mikrokosmos und Schmelztiegel von Kulturen. Briten, Spanier, Genuesen, Portugiesen, Malteser, Juden, Marokkaner und viele andere

▾ Schmelztiegel der Kulturen: Seit Anfang des 18. Jahrhunderts ist Gibraltar britisches Überseegebiet.

▴ »Changing of the Guard«: die Wachablöse in der Innenstadt von Gibraltar.

▾ Nur 15 Kilometer breit: Die Meerenge von Gibraltar trennt Afrika von Europa. Im Dunst am Horizont sieht man Marokko und das Atlasgebirge.

◂ Fish 'n' Chips und Ale unter mediterranem Himmel: ein typisch britisches Pub in Gibraltar.

Einwanderer haben Kultur und Sprache Gibraltars über die letzten Jahrhunderte geprägt.

Die Skurrilität beginnt direkt hinter dem Grenzposten, denn hier stehen wir plötzlich an der aktiven Start- und Landebahn des Flughafens, die einzige Landverbindung zwischen Spanien und Gibraltar. Landet oder startet ein Flugzeug, wird das Rollfeld kurzerhand für Verkehr und Fußgänger gesperrt. Wir warten noch den Start einer British-Airways-Maschine ab und spazieren dann ins Stadtzentrum von Gibraltar.

Britische Pubs unter Palmen und der Sonne des Mittelmeers, perfektes britisches Englisch neben fließendem Spanisch, daneben noch die Umgangssprache Gibraltars, Llanito, eine Mischung aus andalusischem Spanisch und Elementen aus dem Englischen sowie anderen Sprachen.

Der Name Gibraltar geht auf den arabischen Begriff Ǧabal aṭ-Ṭāriq zurück – Fels des Tāriq. Eben jener Feldherr Tāriq ibn Ziyād, der 711 das maurische Heer über die Meerenge führte und die Iberische Halbinsel eroberte. Dieser Kalksteinfelsen, in Gibraltar schlicht »The Rock« genannt, dominiert auch heute noch das nur 6,5 Quadratkilometer große Territorium. Eine Seilbahn bringt uns 426 Meter über den Meeresspiegel hinauf in das Naturschutzgebiet des Upper Rock. Zugegebenermaßen ein recht touristisches Programm, die Kolonie der Berberaffen – die einzigen wild lebenden Affen Europas – und das Panorama sind aber durchaus sehenswert. Ein Blick über das Meer bestätigt, dass wir hier tatsächlich an der südlichsten Spitze der Iberischen Halbinsel angelangt sind, dahinter 15 Kilometer Meer und dann Afrika. Im Dunst kann man am Horizont gerade noch Land erkennen – Marokko und das Atlasgebirge.

Zum Abschluss des Tages sitzen wir dann bei Fish 'n' Chips und einem Ale unter strahlend blauem mediterranem Himmel in einem Pub. Im Kontext unserer Reise ein fast schon surreal wirkender Vorbote von dem, was noch kommen wird: Spätestens in ein paar Wochen, wenn wir die britischen Inseln erreicht haben, sollten wir jede Menge ähnlicher Pubs aufsuchen können …

◂ Unsere eigentliche Reise beginnt bei Sonnenaufgang direkt am Felsen von Gibraltar.

◂ Soziales Kommunikationszentrum und südliche Lebensart: Man trifft sich zu Getränken und kleinen Häppchen in einer Bar in Sevilla.

// MAI–JUNI // 1000 KILOMETER // 13 TAGE

ANDALUSIEN

Das Erbe der Mauren, Sherry und Flamenco

Gibraltar ist umgeben von der spanischen Provinz Andalusien, einer Region mit reicher Geschichte. In der Antike siedelten hier die Phönizier, dann die Römer, angezogen vom landwirtschaftlichen Reichtum und florierenden mediterranen Handel. Die Römer kannten das heutige Andalusien als Provinz Baetica, benannt nach dem Fluss Baetis. In der fruchtbaren Ebene dieses Flusses wurden zahlreiche Niederlassungen gegründet, aus denen sich Städte nach römischem Vorbild entwickelten. Baetica wurde zu einer wichtigen urbanen Region, viele Bewohner erhielten die römische Staatsbürgerschaft. Die Überreste dieser römischen Siedlungsgeschichte lassen sich bis heute dank der vielen beeindruckenden Bauwerke – Aquädukte, Amphitheater, Bäder und Villen – bestaunen. Die Mauren, die Andalusien ab 710 nach Christus beherrschten, nannten den Fluss Wadi al-Kabir, den großen Fluss – eine Bezeichnung, die im spanischen Guadalquivir nachklingt.

Andalusien ist die meiste Zeit des Jahres eine karge, trockene Landschaft. Im Mai allerdings, noch vor der unerbittlichen Hitze des Sommers, weist die Vegetation hier eine fragile Schönheit auf. Mohnblumen, Mandelbäume und kleine Blumenwiesen ringen den kargen Hügeln und Bergen farbige Inseln ab. Durch diese wunderbare Landschaft führt uns ein Abstecher, den wir von Gibraltar aus in das gebirgige Landesinnere unternehmen. Unser Ziel sind die berühmten Pueblos Blancos, die weißen Dörfer. Die Route läuft von Castellar de la Frontera über Jimena de la Frontera und Gaucín bis nach Ronda.

▲ Pueblos Blancos: Prekäre Architektur an den Felsflanken der kleinen Stadt Ronda.

Korkeichenwälder wechseln sich mit Olivenhainen ab, als sich der Bulli langsam über einsame Bergstraßen schlängelt, bis schließlich in der Ferne ein leuchtender Fleck in den braunen Hügeln auftaucht. Wie eine weiße Perle schmiegt sich ein Dorf in die kargen Felsformationen und strahlt mit dem gleißenden Licht der andalusischen Sonne um die Wette.

Als wir näherkommen, können wir die einzelnen Häuser ausmachen, weiß gekalkt mit roten Dächern, Minibalkonen und mit farbigen Blumen geschmückt. Das Dorf scheint nur aus Quadern und Würfeln zu bestehen, auf den ersten Blick völlig wirr ineinander verschachtelt. Als würden die Gesetze der Physik nicht für sie gelten, kleben die Häuser in beinahe unmöglich erscheinenden Neigungen an den Felsflanken. Während sie sich gegenseitig Schatten spenden, scheinen sie von innen heraus zu strahlen. Im Inneren der Dörfer spazieren wir durch ein Labyrinth aus kleinen, gepflasterten Gassen, Plätzen und Höfen, liebevoll dekoriert mit Blumen und Sträuchern.

Am Ende der Tour erreichen wir die Kleinstadt Ronda, spektakulär erbaut auf einem Felsplateau. Als hätte ein Riese die Stadt mit einem gewaltigen Schwert in der Mitte zerteilt, trennt eine Schlucht den alten und den neuen Teil von Ronda. La Ciudad, die maurisch geprägte Altstadt, ist durch drei Brücken mit dem neuen Teil verbunden. Auf allen Seiten der Altstadt senkrecht abfallende, bis zu 130 Meter hohe Felswände.

Zurück an der Küste öffnet sich nach der Stadt Tarifa die Meerenge von Gibraltar zum Atlantik hin. Hier verändert sich auch die Landschaft und das feuchtere Klima des Ozeans macht sich bemerkbar. In Vejer de La Frontera spazieren wir noch einmal durch die engen Gassen eines wunderschönen Pueblo Blanco, bevor wir Cádiz erreichen. Die Stadt wurde vor ungefähr 3000 Jahren von den Phöniziern gegründet und ist seither einer der wichtigsten Häfen des Landes. Ihre Blütezeit erlebte die Stadt im 18. Jahrhundert, als der Hafen zum Mittelpunkt des Gold- und Silberhandels zwischen Spanien und den amerikanischen Kolonien wurde. Die Altstadt von Cádiz mit ihren prächtigen Villen, öffentlichen Gebäuden, großen Plätzen und engen Gassen zeugt noch heute von diesem enormen Reichtum. Aus dieser Zeit stammt auch die beeindruckende Skyline der Altstadt, dominiert von der goldenen Kuppel der Kathedrale, die der Stadt ein fast orientalisches Flair verleiht. Die Sandsteinfassaden der Gebäude bröckeln ein wenig aufgrund der salzigen Meeresluft und verleihen Cádiz ein ganz besonderes Ambiente – ein wenig heruntergekommen, atmosphärisch und geheimnisvoll.

Mai ist eine wunderbare Zeit, um die Zentren der spanischen Sherry-Herstellung zu besuchen. Unweit von Cádiz erreichen wir zunächst El Puerto de Santa Maria und schließlich Jerez de la Frontera. Überall blühen Jacarandabäume in blaulila Farbtönen, besonders stimmungsvoll am Paseo Principal der Alameda Vieja mit seinen schachbrettartig angelegten Bodenplatten, die einen schönen farblichen Kontrast zu den Blüten bilden. In einigen der Bodegas genießen wir schließlich noch das eine oder andere Glas Sherry, ein Getränk, das untrennbar mit diesem Gebiet und mit Spanien verbunden ist.

Nach unserem Ausflug in die Welt der edlen spanischen Getränke erreichen wir Sevilla, die Hauptstadt Andalusiens und viertgrößte Stadt Spaniens. Ein wichtiger Industrie- und Handelsplatz, vor allem aber auch ein Tourismusmagnet.

◂ Die Catedral de la Santa Cruz in Cádiz.
▾ Die Skyline von Cádiz: edle Dekadenz und atmosphärische Echos der Geschichte.

▲ Die fragile Schönheit der andalusischen Landschaft präsentiert sich vor der unerbittlichen Hitze des Sommers.

◂ Das römische Erbe Andalusiens: Baelo Claudia, die römische Ruinenstadt aus dem 2. Jahrhundert v. Chr. befindet sich 17 Kilometer nordwestlich von Tarifa am Atlantik.

▲ Musiker am Mirador de San Nicolás in Granada vor der Kulisse der Alhambra im Licht der untergehenden Sonne.
▼ Frühling in Andalusien: Blühende Jacarandabäume säumen die Festung des Alcazar von Jerez de la Frontera.

▾ Farbenprächtige Architektur in der Altstadt von Sevilla.

▴▴ Patio im maurischen Architekturstil: ein lichtdurchfluteter Innenhof in Sevilla.
▴ Eine Flamenco-Tänzerin in der Altstadt von Sevilla.

Sevilla verfügt über eine der größten Altstädte Europas mit gleich drei UNESCO-Welterbestätten. Schauplatz von Carmen, Don Juan, Stierkämpfen und Flamenco, und damit auch archetypische Stadt Andalusiens. Neben diesem touristischen Postkarten-Image ist Sevilla ein gewisser Charme nicht abzusprechen, der sich vor allem in den Monaten vor der nicht auszuhaltenden Hitze des Sommers manifestiert.

Wir genießen die lauen Temperaturen, schlendern durch das wunderbare Viertel von Santa Cruz, ein Labyrinth aus engen Gassen und kleinen Plätzen, eingerahmt von einer farbenfrohen Mischung aus weißen, roten und gelben Hausfassaden, geschmückt mit Blumen und mit den typischen Rejas, den eisernen Gittern vor den Fenstern. Hinter schmiedeeisernen Toren erhaschen wir immer wieder Blicke auf wunderschönen Patios mit Brunnen, Säulengängen und kunstvollen Azulejos, Mosaiken aus Keramikfliesen in maurischer Tradition. Um diese Jahreszeit ist es noch möglich, im Freien vor einer Bar oder einem Restaurant zu sitzen und das rege Treiben der Fußgänger zu beobachten.

Als Zeichen des letztendlichen Triumphs über den Islam und Versuch, die maurischen Bauwerke in den Schatten zu stellen, entstand im 15. Jahrhundert die Kathedrale von Sevilla. Dass für den Bau die Almohaden-Moschee dem Erdboden gleichgemacht wurde, erscheint aus heutiger Sicht ebenso fragwürdig wie der müßige Wettstreit von Religionen und kulturellen Errungenschaften.

Nichtsdestotrotz ist die Kathedrale ein Meisterwerk gotischer Baukunst und mit einem einzigen Wort zu beschreiben – gigantisch. Als ich im Eingangsbereich stehe, fühle ich mich klein und ein wenig verloren, vermutlich ein von den Architekten und Erbauern durchaus beabsichtigter Effekt. Die unglaubliche Größe dieser Kathedrale, sie ist eine der größten der Welt, verlangt nach längerer Betrachtung, um die Dimensionen geistig überhaupt fassen zu können: 115 Meter lang, 76 Meter breit, 42 Meter hoch und mit einer Grundfläche von 11 500 Quadratmetern.

Einen besonderen Aspekt und Bezug zu unserer Atlantikreise finden wir hier in Form des sehr aufwendig gestalteten Grabmals von Christoph Kolumbus vom Ende des 19. Jahrhunderts. Ob die sterblichen Überreste des berühmten Seefahrers tatsächlich in der Kathedrale von Sevilla ihre letzte Ruhestätte gefunden haben, bleibt ein umstrittenes Thema, moderne DNA-Analysen scheinen aber darauf hinzudeuten, dass er zumindest teilweise hier beerdigt ist.

Auf den Spuren von Kolumbus führt uns die Reise weiter in die Nähe der portugiesischen

▾ Puerta de la Asunción: die imposante Fassade der Kathedrale von Sevilla.

Historisches

CHRISTOPH KOLUMBUS – ÜBER DEN ATLANTIK IN DIE NEUE WELT

Ab Mitte des 14. Jahrhunderts drängt sich das Osmanische Reich zwischen Europa und Asien, und die Reise auf den alten Handelsrouten über Land wird immer gefährlicher und schwieriger. Auf Luxusgüter wie Gewürze und Seide aus Indien, Südostasien und China sind hohe Zölle zu entrichten. Die europäischen Händler und Königshäuser suchen folglich verzweifelt nach einer Alternative, um die wichtigen Handelsgüter weiterhin profitabel importieren zu können. Die Portugiesen bemühen sich, einen Seeweg in südöstlicher Richtung zu finden, und erkunden dabei große Teile der afrikanischen Küste. Schließlich erreicht Vasco da Gama 1498 über das Kap der Guten Hoffnung Indien.

▾ Grabmal von Christoph Kolumbus in der Kathedrale von Sevilla.

Ein Seefahrer aus Genua ist hingegen von einer antiken Theorie fasziniert und davon überzeugt, dass er Asien westwärts über den Atlantik erreichen kann: Christoph Kolumbus. Zur Durchführung seiner Expedition benötigt er finanzielle Unterstützung. Um 1484 stellt er König Johann II. von Portugal seine detaillierten Pläne vor, die jedoch auf einem fundamentalen Fehler in der Berechnung der Distanzen basieren. Kolumbus kalkuliert mit einer Entfernung von weniger als 4500 Kilometern zwischen den Kanaren und Japan – tatsächlich sind es über 20 000 Kilometer –, da er den unbekannten amerikanischen Kontinent nicht berücksichtigt. Die Experten des Königs lehnen seine Pläne ab, da sie (korrekterweise) annehmen, die zurückzulegende Strecke sei weitaus länger. Sie halten die Reise für undurchführbar.

Daraufhin verlässt Kolumbus Portugal in Richtung Spanien, wo er hofft, beim Königspaar Ferdinand II. von Aragón und Isabella I. von Kastilien Unterstützung für seine Pläne zu finden. Kolumbus wird zwar freundlich empfangen, die spanischen Regenten haben ihre Ressourcen aber in der Reconquista gebunden, um die Vorherrschaft der Mauren auf der Iberischen Halbinsel endgültig zu brechen. So werden die Unterstützungsgesuche des Seefahrers mehrfach abgelehnt.

In der Abtei von La Rábida lernt Kolumbus die Franziskanermönche Juan Pérez, Beichtvater der Königin, und Antonio de Marchena, einen Kosmografen, kennen. Kolumbus kann die beiden Mönche von der Idee, die er intensiv mit ihnen diskutiert, überzeugen.

Juan Pérez ist es auch, der Kolumbus aufhält, als dieser 1491 Spanien verlassen will, um sein Vorhaben dem französischen Hof zu unterbreiten. Pérez interveniert und nutzt seine Kontakte zu Königin Isabella, die Kolumbus in Folge auch tatsächlich an den Hof ruft. Schließlich unterzeichnet das spanische Königshaus die Verträge mit Kolumbus, nachdem im Januar 1492 die letzte maurische Bastion in Granada gefallen ist. Wenige Monate später bricht dieser zu seiner ersten Entdeckungsfahrt auf, die ihn nicht nach Asien, sondern zu einigen dem amerikanischen Kontinent vorgelagerten Inseln führt, den heutigen Bahamas, Kuba und Hispañola.

▲ Nachbildungen der drei Karavellen Pinta, Santa Maria und Niña in der Nähe von La Rábida.

▸ Der italienische Seefahrer Christoph Kolumbus (1451 bis 1506).

▾ Das Franziskanerkloster La Rábida.

Grenze, genauer gesagt in das Franziskanerkloster von La Rábida. Diesem schlichten und unscheinbaren Bauwerk sieht man auf den ersten Blick nicht an, dass hier Weltgeschichte geschrieben wurde, als Christoph Kolumbus und die Franziskanermönche von hier aus die letztlich entscheidenden Verhandlungen mit Ferdinand von Aragón und Isabella von Kastilien führten, um die geplante Entdeckungsreise zu finanzieren.

Obwohl die Auswirkungen der Entdeckungsfahrten, sprich die Ausbeutung der Kolonien und die Versklavung und Unterdrückung der indigenen Bevölkerungen, retrospektiv mehr als kritisch zu betrachten sind, erlaube ich mir hier für einen Moment nur den Entdecker- und Abenteurergeist dieser vergangenen Zeiten aufzunehmen. Dabei kann ich mich eines ganz besonderen Gefühls an diesem ganz besonderen Ort nicht erwehren. Ein Großteil des Klosters ist heute noch genauso erhalten wie vor fast 500 Jahren. Vor meinem geistigen Auge schreitet also Christoph Kolumbus nach einem letzten Gebet durch den Mudéjar-Torbogen der kleinen Kapelle und macht sich auf den Weg zum nahegelegenen Hafen, von wo aus die Santa Maria mit ihren Begleitschiffen Pinta und Niña in den Atlantik in See stechen, die Neue Welt erreichen und damit die uns heute bekannte Welt entscheidend beeinflussen.

Wir haben uns in der Zwischenzeit auch an das Unterwegssein im Bulli gewöhnt. Viele tägliche Abläufe sind Routine geworden, und auch mit dem limitierten Platzangebot kommen wir besser zurecht. In diesem Fall helfen uns natürlich die Verhältnisse hier im Süden. Die Temperaturen sind angenehm, das Wetter beständig, und wir

▾ Die Kapelle von Santa Maria de la Rábida im Kloster Rábida; links ein Mudéjar-Torbogen.

können unseren Aufenthaltsraum nach draußen hin stark erweitern.

Die Aufenthalte bescheren uns nicht selten schöne Erlebnisse, so auch heute auf einem Campingplatz fast an der spanisch-portugiesischen Grenze. Ganz in der Nähe unseres Stellplatzes bemerken wir schon einen Menschenauflauf. Mindestens zehn Familien, an die fünfzig Personen, aus dem nicht weit entfernten Huelva sind über das Wochenende hierhergekommen, um gemeinsam zu feiern. Es dauert nicht lange und ein Teil des Campingplatzes verwandelt sich in eine große Party unter freiem Himmel. Überall werden Campingtische aufgestellt, die sich kurze Zeit später unter dem Gewicht von aufgetürmtem Essen und Getränken biegen. Jeder ist eingeladen, und ehe ich michs versehe, bekomme ich schon ein Glas hausgemachte Sangría in die Hand gedrückt. Frauen und Mädchen tragen bunte, traditionelle Stufenröcke mit Tüchern um die Hüften und tanzen Sevillanas zu Flamenco-Musik. Ein älterer Herr, ganz offensichtlich der männliche Tanzstar, gekleidet in hochhackige Stiefeletten, eine hochgeschlossene Hose mit Hüfttuch, Hosenträgern und Schirmmütze, fordert eine Dame nach der anderen zum Tanz auf. Völlig ungeplant erleben wir hier eine echte spanische Fiesta fernab jeglicher touristischen Darbietung.

TAGEBUCH KATRIN

Übernachtungen

Über all unseren Träumen, Wünschen und unserer Abenteuerlust steht Tristan. Seine Sicherheit hat oberste Priorität. Auch deshalb bitte ich Marcus schon vor Reiseantritt, wenn möglich auf Campingplätzen zu übernachten. Ich bin eher ängstlich – die Vorstellung, wild und einsam irgendwo im Bulli zu campieren, behagt mir nicht. Abgesehen von den Annehmlichkeiten einer Dusche, Babybadewanne, Toilette usw. Mit einer gewissen Sicherheit im Rücken kann ich die Reise einfach besser genießen. Außerdem bin ich überzeugt, dass sich auf Campingplätzen viele nette Begegnungen ergeben werden.

◂ Praia da Bordeira: Traumhafte Sandstrände erstrecken sich entlang der portugiesischen Westküste.

// JUNI // 1100 KILOMETER // 16 TAGE

PORTUGAL

Die zwei Gesichter des Atlantiks

Seit unserem Start in Gibraltar sind wir vom Wetterglück verfolgt. Jeden Tag strahlend blauer Himmel ohne eine einzige Wolke. Das ändert sich auch nicht, als wir die spanisch-portugiesische Grenze überqueren. Ein letzter Blick zurück nach Andalusien und wir sagen »Bom dia Portugal«. Vor uns liegt die Algarve, ein Realität gewordener Urlaubstraum mit Sonne, Strand und Meer. Es ist nicht schwer zu verstehen, warum die Region Portugals Top-Urlaubsdestination ist. Vorgelagerte Sandinseln – *ilhas* – im Osten, im Westen helle Sandstrände in kleinen Buchten umringt von zerklüfteten Steinformationen. Azurblaues Wasser mit türkisen Farbtupfern erinnert mich an Aufenthalte in der Karibik. Der Atlantik allerdings wartet mit Temperaturen auf, die für meinen Geschmack um diese Jahreszeit noch einige Grad zu kalt sind.

Faszinierend finde ich die allseits präsenten Storchennester, vor allem die unglaublichen Mengen. Wohin man blickt, auf jeder nur erdenklichen Erhöhung finden sie sich, auf Kirchtürmen, Fabrikschornsteinen, Strommasten und sogar Überkopfwegweisern auf der Autobahn. Was noch einen besonderen Reiz ausmacht – zu dieser Jahreszeit sind die Familienunterkünfte der Störche bewohnt, und nicht allzu selten sehen wir einen weiß gefiederten Kopf mit langem rotem Schnabel aus dem Flechtwerk hervorschauen.

Ich hatte nicht erwartet, in diesem Teil Portugals menschenleere Strände und unberührte Küstenabschnitte zu finden, aber vom Ausmaß

▲▲ Ein gemütlicher Nachmittag an der Algarve.
▲ Die Kirche Santa Ana in Albufeira an der Algarve.

und der Größe der touristischen Infrastruktur war ich dann trotzdem ein wenig überrascht, teilweise sogar schockiert. Ressort reiht sich an Ressort und Ferienwohnsiedlung an Ferienwohnsiedlung. Wir lassen uns davon aber nicht entmutigen, machen uns auf die Suche nach weniger überlaufenen Gebieten, und tatsächlich gelingt es uns, den Charme der Algarve noch zu finden. In schönen alten Kernen kleiner Orte und auf weniger frequentierten Stränden, die mit ein wenig Fußarbeit zu erreichen sind.

Ganz besonders am Ende des Tages greift die Algarve noch einmal tief in die Farbpalette. Fantastische Sonnenuntergänge bemalen die bizarren Felsformationen, bis die zerklüftete Landschaft von wunderschönen samtblauen Lichtstimmungen des Nachthimmels eingehüllt wird.

Doch manchmal kann auch die schönste Stimmung nicht über die kleinen menschlichen Reibungspunkte des Reisealltags hinwegtäuschen. Es wäre natürlich verlockend, so eine Reise als monatelangen perfekten Zustand harmonischer Zwei- beziehungsweise Dreisamkeit darzustellen. Aber unweigerlich drängt sich die Frage auf, warum manche familiären und partnerschaftlichen Dynamiken hier anders verlaufen sollten als im Alltagsleben zu Hause – trotz all der wunderbaren gemeinsamen Erlebnisse. Die intensive Nähe auf engstem Raum, immer auf Achse, ein Kleinkind an Bord – das schafft auch Konfliktpotenzial. Kurzum, es gibt Streit. Warum, weiß ich eigentlich gar nicht mehr, vermutlich eine nur allzu typische Kleinigkeit, die von beiden Seiten jenseits der Verhältnismäßigkeit aufgeschaukelt wird.

Katrin kehrt mit dem Kinderwagen wutentbrannt zum Campingplatz zurück, ich beschließe in männlichem Trotz, mir den Abend nicht verderben zu lassen, und fotografiere noch ein wenig die wunderbare nächtliche Stimmung. Nur irgendwann muss ich ja trotzdem wieder zurück. Vermutlich ist es das Beste, sich gegenseitig ein wenig Raum zu geben – getrennte Schlafzimmer sind angesagt. In unserem Bulli gestaltet sich das dann so, dass ich mich in den ersten Stock verziehe und dort, weniger als einen Meter höher, getrennt durch eine dünne Holzplatte, allein schlafe. Eine gewisse Situationskomik lässt sich nicht abstreiten, und ich muss ein wenig schmunzeln – der Bulli wird damit zum unfreiwilligen Lehrmeister dafür, wie absurd manche Konflikte sind und wie wichtig es ist zusammenzuhalten.

Am westlichen Ende der Algarve verändert sich die Landschaft, die Küste wird rauer, der

◂ Sonnenaufgang an der Algarve.
▾ Besonders stimmungsvoll sind die typischen Felsformationen der Algarve bei Sonnenaufgang, hier nahe Lagos.

Historisches

DAS MARITIME WELTREICH PORTUGALS

Heinrich der Seefahrer wird 1394 als vierter Sohn des portugiesischen Königs geboren. 1420 ernennt man ihn zum weltlichen Administrator des Christusordens, der Nachfolgeorganisation der Tempelritter in Portugal. Heinrich erlangt damit Zugriff auf substanzielle finanzielle Ressourcen, die er zeit seines Lebens zur Finanzierung von Entdeckungsfahrten und der Erschließung des Seewegs nach Indien verwendet.

Von seiner Befestigungsanlage in Sagres aus initiiert er viele Expeditionen entlang der afrikanischen Küste, welche zu seinen Lebzeiten bis ins heutige Sierra Leone vordringen. Die von ihm gegründete Seefahrerakademie in Sagres ist nach modernen wissenschaftlichen Erkenntnissen allerdings eine Fantasie späterer Geschichtsschreiber und hat in dieser Form nie existiert. In die Zeit seiner Bemühungen um die portugiesische Seefahrt fallen die Entdeckung und Kolonisierung von Madeira, der Azoren und der Kapverdischen Inseln. Verstärkt werden Karavellen eingesetzt, ein Schiffstyp, der sich als essenziell für die weiteren Entdeckungsfahrten erweist.

Von Beginn an sind die portugiesischen Piloten und Kapitäne verpflichtet, alle auf ihren Reisen gesammelten und für die Navigation bedeutsamen Erfahrungen und Erkenntnisse in geheimen Logbüchern, den Roteiros, festzuhalten. Die dabei gewonnenen Kenntnisse in Navigation, Kartografie und Schiff-

▾ Padrão dos Descobrimentos: Das Denkmal der Entdeckungen steht in Lissabon am Ufer des Tejo.

▲▲ Die Weltkarte im Zentrum des Mosaiks, das fünfzig Meter im Durchmesser erreicht, zeigt die Routen der portugiesischen Entdecker im 15. und 16. Jahrhundert.
▲ Vasco da Gama (um 1469 bis 1524).

bau sind grundlegend für alle folgenden portugiesischen Entdeckungsfahrten.

Trotz seines Beinamens war Heinrich der Seefahrer selbst nie an Entdeckungsfahrten beteiligt. Kritische Stimmen vertreten die Ansicht, dass er in erster Linie an der wirtschaftlichen Ausbeutung der afrikanischen Küste interessiert war. Möglicherweise wird der Prinz von den Geschichtsschreibern aber auch ein wenig ungerecht beurteilt, weil er die Früchte seiner Bemühungen zu Lebzeiten nicht mehr ernten konnte.

Die Wahrheit liegt wie so oft höchstwahrscheinlich in der Mitte: Heinrichs Unternehmungen leisten einen Beitrag zu den großen Expeditionen, die ein halbes Jahrhundert nach seinem Tod beginnen und Portugal für eine Zeit in die Rolle einer Weltmacht versetzen. 1497 segelt der portugiesische Kapitän Vasco da Gama über den Südatlantik, umschifft das Kap der Guten Hoffnung und erschließt damit den Seeweg nach Indien. Westwärts erreicht Pedro Álvares Cabral im Jahr 1500 das heutige Brasilien, ostwärts segeln portugiesische Schiffe in südostasiatische Gewässer, bis sie schließlich spätestens 1543 Japan erreichen.

▲ Mit dem Bulli auf holprigen Wegen an der Westküste Portugals.

▼ Mediterranes Lebensgefühl vermittelt das Picknick unterwegs.

▼ Sandstrand, so weit das Auge reicht: Die Praia da Bordeira zählt zu den schönsten Stränden an der Westküste.

TAGEBUCH KATRIN

Unterwegs mit Tristan

Meistens sitze ich bei Marcus vorn auf dem Beifahrersitz. Wenn Tristan schläft, ist die Fahrt ein gemütliches Rollen durch die Landschaft. Doch sobald unser kleiner Mann wach ist, will er Unterhaltung. Ich habe Rasseln, Stofftiere, Mobile, Beißringe, Musik und vieles mehr im Angebot. Und auch das Stillen funktioniert während der Fahrt prima. Tristan liegt gut gesichert in seinem Kindersitz, ich sitze neben ihm und muss mich nur etwas zu ihm hinüberbeugen – und schon kann er trinken. So müssen wir nicht stehen bleiben und können längere Etappen gut überbrücken. Wir haben unseren Rhythmus gefunden!

vollen Wucht des Atlantiks ausgesetzt. Wir erreichen Sagres, eine kleine Hafenstadt, und das vorgelagerte, windumtoste Kap, dessen Klippen bis zu 75 Meter steil aus dem Atlantik emporschießen. Der Leuchtturm von Cabo de São Vicente ist mit einer Reichweite von bis zu sechzig Kilometern einer der lichtstärksten Europas. Hier am südwestlichen Ende des europäischen Festlands stehen Tristan und ich an einer weiß getünchten Mauer und blicken auf den Atlantik hinaus. Mir gefällt der Gedanke, dass es vielleicht eine ähnliche Stelle war, an der schon die großen portugiesischen Seefahrer, Magellan, Cabral und Vasco da Gama, über den Ozean blickten.

Der Naturpark Südwest-Alentejo und Vicentinische Küste erstreckt sich über ein großes Gebiet von Burgau im Süden bis nach São Torpes im Norden und ist einer der am besten erhaltenen Küstenstreifen in Europa, in dem zahlreiche einzigartige Tier- und Pflanzenarten ihren Lebensraum haben. Mit der Rauheit der Küste ändert sich auch der Besuchertypus. Dieses Gebiet ist nur sehr spärlich bebaut, die touristischen Massenanlagen dünnen aus und sonnenhungrige Ressortbesucher weichen durchtrainierten Surfern, die sich von Sagres bis Odeceixe in die Wellen stürzen.

Sehr bald merken wir, dass wir in einer Hochburg des Surfsports angelangt sind, und es gibt eine ganz bestimmte Ikone, die untrennbar mit dem Surfen verbunden ist: der VW-Bulli! Ein Teil genau dieses Lebensgefühls ist in Form dieses Fahrzeugklassikers zusammengefasst. Mit einem Mal sind wir nicht mehr der »bunte Hund«, der überall Aufmerksamkeit erregt, sondern einer von vielen und scheinbar im »Bulli-Himmel« angekommen. Zwanzig Busse, T2s und den einen oder anderen T1 in allen Farben und Formen, zähle ich an einem einzigen Tag, den wir entlang der Strände fahren.

Selbstverständlich immer ein großes Hallo, wenn wir uns neben einen VW-Verwandten

▾ Also ganz so wie zu Hause ist das nicht … Baden am Campingplatz.

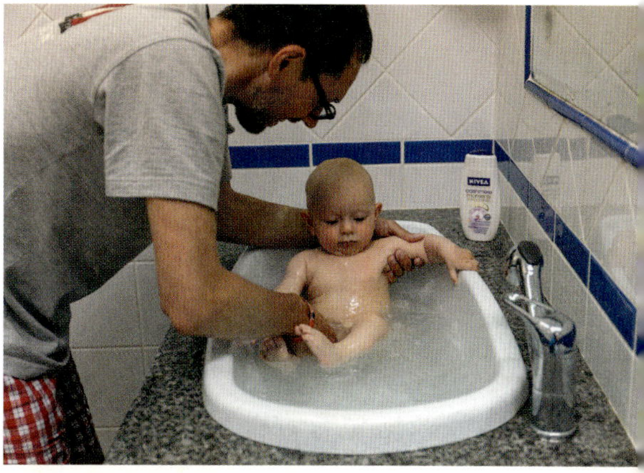

▸ Einer von vielen traumhaften Sonnenuntergängen an der Westküste Portugals am Cabo de São Vicente.

▲ Die historische Straßenbahn fährt durch die Altstadt von Lissabon.

stellen. Nur die Frage, ob wir denn auch zum Surfen hier wären, muss ich jedes Mal verneinen. Wir fahren mit unserem vier Monate alten Sohn von Gibraltar ans Nordkap. Einige Gesichtsausdrücke der Surfer deute ich so, dass sie diesem Umstand mindestens genau so viel Respekt und Verunsicherung entgegenbringen wie ich der Vorstellung, mich auf einem kleinen Surfbrett in den Schlund dieser meterhohen Wellen zu werfen.

Nach ein paar Tagen Wind, Wellen und Meer tauschen wir schließlich das Strandleben gegen das städtische und machen uns auf den Weg nach Lissabon. In der Hauptstadt Portugals leben ungefähr 500 000 Menschen. Über die Jahre sind die 18 umliegenden Gemeinden allerdings zu einer Metropolregion mit knapp drei Millionen Einwohnern zusammengewachsen. Und so lebt immerhin ein Viertel der Gesamtbevölkerung Portugals in diesem Gebiet. Zahlen, die so gar nicht mit der gefühlten Größe der Stadt zusammenpassen wollen. Lissabon hat sich seinen Charme bewahrt, wirkt niemals überdimensioniert, gleichzeitig mondän-kosmopolitisch und gemütlich-traditionell.

Die heutige Architektur der portugiesischen Hauptstadt ist untrennbar mit dem großen Erdbeben von 1755 verbunden, einer der verheerendsten Naturkatastrophen der europäischen Geschichte, bei der über achtzig Prozent aller Gebäude in der Stadt zerstört wurden. Einzig das Stadtviertel Alfama blieb weitestgehend von den Auswirkungen des Erbebens verschont und in seiner mittelalterlichen Form mit einem Labyrinth aus engen Straßen und Gassen bis in die Gegenwart erhalten. Die Viertel Baixa und Barrio Alto wurden nach der Katastrophe basierend auf den damals modernen und der Ästhetik des 18. Jahrhunderts entsprechenden Erkenntnissen des Städtebaus am Reißbrett geplant und neu erbaut. Ein geometrisches Muster aus geraden, breiten Straßen und großen Plätzen.

Die Sachlichkeit von Baixa und Barrio Alto steht in starkem Kontrast zu den Gebäuden, die sich in der fantastisch anmutenden manuelinischen Architektur erhalten haben, einem prunkvollen Stil aus dem frühen 16. Jahrhundert, der nur in Portugal zu finden ist und sich vor allem durch die Verwendung maritimer Ornamente als Hinweis auf die Seemacht Portugal auszeichnet. Erinnerungen an die Alhambra in Granada werden wach, als wir das Hieronymitenkloster besichtigen, eines der wenigen Gebäude aus dieser Zeit, die vom Erdbeben verschont blieben – ein völlig anderer Baustil, aber wie die maurischen Prunkbauten innen wie außen ausgeschmückt mit einer kaum fassbare Menge an Verzierungen. Der berühmte Seefahrer und Entdecker Vasco da Gama hat hier eine wahrlich beeindruckende letzte Ruhestätte gefunden.

Nach diesem Fest für die Augen wollen wir im Stadtteil Belém noch ein Fest für den Gaumen folgen lassen. Der Hauptgrund hierherzukommen war der Besuch in der Antiga Confeitaria de Belém. Die Spezialität der traditionsreichen Konditorei sind Pastéis de Nata, warme Blätterteigtörtchen gefüllt mit Pudding – himmlisch. Einige Törtchen später, vermutlich ein paar zu viel, ist uns nicht mehr nach Gehen zumute und wir genießen die Fahrt mit einer der vielen

◂ Himmlisch lecker: Pastéis de Nata in der Antiga Confeitaria de Belém.
▾ Blick auf das Viertel Alfama in Lissabon.

▲ Im Inneren des Hieronymitenklosters in Lissabon.
▸ Grabmal des portugiesischen Seefahrers Vasco da Gama.
▾ Blaue Stunde im Stadtteil Baixa in Lissabon.

nostalgischen Straßenbahnen, die sich ruckelnd und quietschend durch die Altstadt Lissabons schlängeln.

In der Stadt begegne ich auch der Musik Portugals. Fado, tief verwurzelt in der Volksseele und auch untrennbar mit Lissabon verknüpft. So einzigartig portugiesisch, dass es sogar für den Inhalt dieser Musik keine Übersetzung gibt. Die meisten der Lieder handeln von Saudades, einem Konzept, das nur unzureichend mit Sehnsucht oder Weltschmerz übersetzt werden kann. Spricht man Portugiesen darauf an, stiehlt sich meist ein wissendes Lächeln in die Gesichter der Menschen, spätestens bei Erklärungsversuchen scheitern aber die meisten.

Am treffendsten hat es wohl Fernando Pessoa, einer der bedeutendsten Lyriker Portugals, in einem seiner Gedichte ausgedrückt:

Saudades, só portugueses
Conseguem senti-las bem.
Porque têm essa palavra
Para dizer que as têm.

Saudades – nur Portugiesen
können dieses Gefühl kennen.
Weil nur sie dieses Wort besitzen,
um es wirklich beim Namen zu nennen.

Typischer Fado wird von einer Solosängerin oder einem Solosänger vorgetragen, begleitet von der traditionellen portugiesischen Gitarre und einer Viola Baixo (Bassgitarre). In vielen Lokalen Lissabons werden abends Fado-Vorstellungen angeboten. Auch mich verschlägt es in eines dieser Restaurants. Ich bin kein Experte für diese Art Darbietungen, kann gut sein, dass sie ein wenig touristisch sind. Ich finde die Stimmung und die Musik aber trotzdem wunderschön und genieße meinen letzten Abend in Lissabon.

▲ Cabo da Roca: der westlichste Punkt des europäischen Festlands.

Unweit der Hauptstadt erreichen wir Cabo da Roca, den westlichsten Punkt des europäischen Festlands und damit auch einen symbolischen Punkt unserer Reise. Von hier an geht es dann stetig Richtung Norden bis Porto, Wiege der Portweinindustrie, Fixpunkt für jeden Liebhaber dieses Getränks und alle, die es noch werden wollen. In jedem Falle aber ist Porto eine wunderschöne Stadt, dramatisch gelegen an der Mündung des Douro. Auf der Südseite des Flusses, Vila Nova de Gaia, dominiert von den sehr ansehnlichen Gebäuden und Lagerhallen der großen Portweinhäuser, und am anderen Ufer, spektakulär in die Hügel gebaut, der alte Kern von Porto. Nicht weniger grandios die verbindende Doppeldecker-Stahlbogenbrücke, geplant und erbaut von Théophile Seyrig, dem ehemaligen Partner von Gustave Eiffel. Eine frappierende Ähnlichkeit mit dem Eiffelturm in Paris lässt sich nicht verleugnen, erscheint die Brücke doch auf den ersten Blick beinahe wie eine langgezogene untere Hälfte der Konstruktion in der französischen Hauptstadt.

Besonders faszinierend sind für mich die beiden Gesichter Portos bei unterschiedlichem Wetter. Bei Sonnenschein und blauem Himmel erscheint es einladend und fröhlich. Und während sich die meisten Städte bei Schlechtwetter in graue, unansehnliche Silhouetten verwandeln, zeigt Porto dann sein anderes Gesicht. Graue Wolken hängen am Himmel und Nebelschwaden tanzen mit trägen Bewegungen auf der Oberfläche des Douro. Die Geräusche des Wassers an den Kaimauern sind gedämpfter, wie in Watte verpackt. Das Hafenviertel erscheint fremd und geheimnisvoll – fast wie ein Gemälde, eine Momentaufnahme aus einer anderen Welt und Zeit.

Ein ebenso starker Gegensatz besteht zwischen Porto und dem Douro-Tal. Dieser Kontrast ist Teil der Geschichte des Portweins: Während das kühle, feuchte Klima von Porto ideal ist, um

▾ Die berühmte Doppeldecker-Stahlbogenbrücke über den Douro.
▾ ▾ Historisches Transportboot für Portweinfässer auf dem Douro, im Hintergrund die Altstadt von Porto.
▸ Portwein-Anbaugebiet flussaufwärts am Douro.
▸ ▸ Portweinfässer in einem Weinkeller in Vila Nova de Gaia.

den Wein zu lagern und reifen zu lassen, braucht es die extrem heißen und trockenen Wetterbedingungen stromaufwärts, um die Trauben zur Reife zu bringen.

Wir tauschen in diesem Fall den Bulli gegen einen schwimmenden Untersatz, denn das Douro-Tal möchten wir vom Wasser aus erleben. Auf den Spuren des ikonischen Getränks Portugals schiffen wir uns um acht Uhr morgens am Kai von Vila Nova de Gaia ein und machen uns auf die über hundert Kilometer lange Reise nach Pinhão im Herzen des Weinbaugebiets. Eine ganz besondere Tour, die sicherlich zu den schönsten Flussfahrten Europas zählt. Früh am Morgen treiben noch dicke Nebelschwaden auf der Wasseroberfläche, von den vielen Brücken, die wir anfänglich passieren, sind nur die unteren Teile der Pfeiler zu erkennen. Am Ufer kann ich immer wieder Angler ausmachen, die ihre Ruten in die graugrünen Fluten des Flusses halten. Ein paar Kilometer stromaufwärts brennt die Sonne langsam den Nebel aus der Landschaft, und die Temperatur steigt rapide an. Hier merken wir jetzt auch, wie sehr wir uns über die letzten Wochen an das Klima entlang der Küste mit einem stetig wehenden und kühlenden Wind gewöhnt hatten. Die Hitze ist enorm, und es ist erst der Anfang des Sommers. So weit das Auge reicht, erstrecken sich links und rechts des Flusses Weinstöcke über die Hügel, der grüne Teppich der Blätter immer wieder unterbrochen von farbigen Tupfern der Villen und Arbeitsgebäude auf den Weingütern.

Nach vielen Stunden Bootsfahrt erreichen wir schließlich Pinhão, ein wunderschön gelegenes kleines Örtchen und Zentrum der Portweinherstellung. Die Rückreise ist nicht minder beeindruckend. Wir steigen auf den Zug um, und die Linha do Douro, die Eisenbahnstrecke entlang des Douro, beschert uns weitere landschaftliche Highlights auf der Rückfahrt nach Porto.

Zurück im Bulli erreichen wir etwa sechzig Kilometer nördlich von Porto an einem Donnerstagmorgen die kleine Stadt Barcelos. Kein zufällig gewählter Tag, denn die wöchentliche Feira de Barcelos ist schon in vollem Gange, als wir in die Innenstadt kommen. Die Feira ist einer der größten Märkte Europas und ein überwältigendes Erlebnis. Eine unüberschaubare Menge an kleinen Ständen, an denen Bauern, Handwerker und

Händler alles nur Erdenkliche anbieten – von lebenden Tieren über Blumen, Obst, Gemüse, Käse, Wurst bis hin zu Gartengeräten, Töpferwaren und Holzgegenständen. Barcelos ist der Legende nach auch die Heimat des Galo de Barcelos. Diesen Hahn findet man heute vielerorts in Form einer Tonfigur, typischerweise schwarz bemalt und mit farbigen Mustern verziert. Er gilt als eines der Wahrzeichen Portugals.

Nach dem hektischen Treiben des Markts ist es an der Zeit, unseren müden Beinen eine Ruhepause zu gewähren. Am großen Platz vor dem Templo do Bom Jesus da Cruz genießen wir unter einem Sonnenschirm einen Kaffee und beobachten das rege Treiben der Menschenmenge zwischen den Marktständen, bevor wir uns zur letzten Etappe des Tages in Richtung spanische Grenze aufmachen.

Hoch über der Altstadt von Viana do Castelo ergießt sich das weiche Sonnenlicht des zu Ende gehenden Tages über die Basilika auf der Spitze des Monte de Santa Luzia. Hier heißt es für uns Abschied nehmen. Die letzten wärmenden Strahlen der im Meer versinkenden Sonne zaubern schöne Erinnerungen an den Besuch in Portugal in unsere Gedanken.

▾ Der berühmte Markt von Barcelos, einer Stadt im Norden Portugals.

▸ Festival im Norden Portugals.
▾ Das Santuário de Santa Luzia im Licht der untergehenden Sonne. Es befindet sich in Viana do Castelo im Norden Portugals.

// JUNI–JULI // 1200 KILOMETER // 15 TAGE

NORDSPANIEN

Grüne Küsten, steile Berge und kulinarische Genüsse

Der erste Eindruck – Galicien ist anders und vor allem sehr grün. Das Klima ist vom Atlantik geprägt, feucht und mit moderaten Temperaturen. Mit anderen Worten: Es regnet sehr viel. Der Nordwesten ist damit auch die regenreichste Region Spaniens. Galicien wird von bis zu 2127 Meter hohen Bergen vom Rest Spaniens abgeschottet und die zerklüftete Küste macht mit 1659 Kilometern ein Drittel der gesamten spanischen Atlantikküste aus.

Auch wir machen die Bekanntschaft des galicischen Wetters. Ziemlich genau an der portugiesisch-spanischen Grenze fahren wir in eine Schlechtwetterfront, die uns gleich eine ganze Woche lang begleitet. In der wunderbar gelegenen Festungsstadt Valença do Minho, direkt an der portugiesisch-spanischen Grenze, beginnt es leicht zu regnen, und von hier an wird es nur noch schlimmer. In jeder Hinsicht. Den Campingplatz in Santiago de Compostela erreichen wir in strömendem Regen, die nächtlichen Temperaturen fallen auf fünf Grad und es wird sehr kalt im Bus. Es kann nur Zufall sein, aber der Wetterumschwung macht sich scheinbar auch beim Bulli bemerkbar. Seit Südspanien lief alles super – jetzt tauchen die altbekannten Probleme wieder auf. Nach einer ersten Diagnose habe ich den Schuldigen gefunden. Wieder ein verbrannter Unterbrecherkontakt. Die Abstände, in denen dieses Teil gewechselt werden muss, werden immer kürzer – normalerweise sollte so ein Bauteil mindestens 15 000 bis 20 000 Kilometer halten.

◂ Einer der am schönsten gelegenen Campingplätze befindet sich an der Nordküste Spaniens.

Meine dunkle Vorahnung scheint sich zu bestätigen. Der Bulli muss in die Werkstatt und wir in ein Hotel, wo wir uns zunächst einmal aufwärmen. Durch die Fenster beobachten wir, wie sich strömender Regen und lichte Momente am Himmel abwechseln. Immer stärker drängt sich der Vergleich mit Irland oder Schottland auf – es sollte nicht die letzte Verbindung zu den Ländern der Kelten sein, die uns auffiel.

Denn auch Galicien gehörte einst zum keltischen Kulturraum, bevor es Teil des römischen und später des westgotischen Reichs wurde. Die maurische Eroberung der Iberischen Halbinsel hatte hingegen nur sehr geringen Einfluss auf diesen Teil des Landes – Galicien war nie Teil des maurischen Herrschaftsgebiets al-Andalus.

Nach dem Ende der Franco-Diktatur und der Demokratisierung Spaniens in den 1970er-Jahren war Galicien, das sich auch eine eigene Sprache bewahrt hat, eine der ersten Regionen, die den Autonomiestatus zuerkannt bekamen. In der Musikszene kam es nach der systematischen Unterdrückung regionaler Kultur unter Franco zu einem Revival galicischer Musik. Viele Künstler aus Galicien und auch aus anderen Regionen Nordspaniens etablierten sich im Dunstkreis der boomenden irischen und schottischen Folk-Szene und ebneten damit den Weg, dass sich die Region als feste Größe in der pankeltischen Folk-Welt etablieren konnte.

Die Regenpausen, sofern es diese gibt, nutzen wir aus, um Santiago de Compostela zu erkunden. Vor allem in den Sommermonaten dreht sich hier alles um den Pilgerweg schlechthin – den

▾ Einfach nur traumhaft: die Küstenlandschaften Galiciens bei Sonnenschein.

Jakobsweg. Seit über tausend Jahren sind Menschen entlang des Camino de Santiago zum angeblichen Grab des Apostels Jakobus gereist. Inzwischen besuchen jedes Jahr über 300 000 Pilger aus aller Welt Santiago.

Man kann davon halten, was man will – authentischer Pilgerweg, touristischer Kommerz, mediales Massenphänomen. Egal welche Ansicht man vertritt, nichts kann einen auf die Stimmung vorbereiten, die in der Stadt herrscht. Die Atmosphäre ist überwältigend, selbst wenn man nicht gekommen ist, um sein Seelenheil zu suchen.

Ein nicht abreißen wollender Strom an Pilgern bahnt sich seinen Weg durch die Altstadt, der Kathedrale entgegen. Wanderschuhe, Rucksäcke, Jakobsmuscheln, Wanderstäbe, Männer, Frauen, Fahrräder, Jung und Alt. Erwachsene Männer, die am Platz der Kathedrale weinend in die Knie gehen. Aus Schmerz, Demut, Erlösung, Freude? Wissen wird es nur jeder Einzelne für sich in diesem ganz persönlichen Moment des Ankommens und des Rückblicks auf das Erreichte.

In der ganzen Stadt hört man Menschen Namen rufen: In Santiago trifft man sich wieder, hier schütteln sich Pilger fröhlich die Hände – vermutlich sind sie einen Teil des Wegs gemeinsam gegangen –, etwas weiter drüben fallen sich zwei Wanderer mit Tränen in den Augen in die

▲▲ Altstadt von Santiago de Compostela.
▲ Das Ende des Jakobswegs: Pilger in der Kathedrale von Santiago de Compostela.

▾ Tristan bekommt ein Bild des Heiligen Jakobus geschenkt.

▴ Im Inneren der Kathedrale von Santiago de Compostela.
▾ Sandstrand an der Costa Verde in Nordspanien.

Arme. Ein babylonisches Sprachgewirr, in dem viele in Ermangelung eines gemeinsamen Wortschatzes einfach in ihrer jeweiligen Muttersprache erzählen und sich trotzdem irgendwie verstehen.

Die überschwängliche Stimmung weicht einer anderen, nicht minder ergreifenden, sobald man die Kathedrale betritt. Die Atmosphäre ist nicht erklärbar, nicht in Worte zu fassen – sie ist vor allem aber fühlbar. Und wie so oft ist das Nichtbegreifbare am klarsten bei den Kleinsten zu beobachten. Tristan, sonst fröhlich quietschend, wird plötzlich ganz leise, als wir die Kathedrale betreten, schaut mit großen Kulleraugen und offenem Mund fasziniert umher.

TAGEBUCH KATRIN

Santiago de Compostela

Nach einem kleinen Rundgang in der Kathedrale setze ich mich mit Tristan auf eine Kirchenbank. Ich möchte die Stimmung der Menschen beobachten. Auch Tristans große Kinderaugen bewegen sich ständig. Schön, besonders, anders als erwartet, denke ich, als ein älterer Herr auf uns zukommt und Tristan ein kleines Heiligenbild in seine Händchen drückt. Der Mann sieht mich fragend an, und ohne miteinander gesprochen zu haben, nicke ich. Auch er nickt und macht mit seinem Daumen ein Kreuzzeichen auf Tristans Stirn. Er schaut mich nochmal an, dreht sich um und ist wieder in der Menschenmenge verschwunden. Ich atme nicht mehr – so gefangen und berührt bin ich von dieser Geste. Ich spüre Tränen in meinen Augen. Welch eine besondere Begegnung!

Wir können ihm nicht erklären, dass er leise sein soll, er versteht uns noch nicht, aber er fühlt es. Tausend Jahre Geschichte, Glaube, Hoffnung, Trauer, Absolution – die gesamte spirituelle Bandbreite menschlicher Emotion destilliert in einem Bauwerk. Wir sind keine Pilger, aber trotzdem schwappt diese Atmosphäre wie eine sanfte Welle über uns.

Der Bulli ist nach einigen Tagen wieder fahrbereit, und wir müssen weiterziehen. Das Wetter bessert sich nur schleppend, aber zumindest können wir in ein paar lichten Momenten die grandiose Landschaft Galiciens bewundern. Wilde Steilküsten wechseln sich mit weißen Sandstränden und azurblauem Wasser ab, nördlich von Muxía beobachten wir, wie sich die ungestümen Wellen des Atlantiks an der Felsküste vor dem Santuario da Virxe da Barca brechen.

Dann geht es entlang der spanischen Nordwestküste in Richtung Asturien. Grün bleibt auch weiterhin die dominierende Farbe entlang der nördlichen Atlantikküste der Iberischen Halbinsel, die sich von Galizien über Asturien und Kantabrien bis ins Baskenland an der spanisch-französischen Grenze zieht. Dramatische Steilküsten,

▾ Unser Bulli an der nordspanischen Küste.

◂ Die Basilika von Covadonga an der Nordküste Spaniens.
▸ Hortensien vor der Klippenlandschaft Asturiens.

▴ Villa Quijano, auch bekannt als »El Capricho« (Die Laune), wurde von dem katalanischen Architekten Antoni Gaudí in dem Ort Comillas errichtet.
▾ Die kleine Stadt Cudillero mit ihren farbenfrohen Häuserfassaden.

TAGEBUCH KATRIN

Verpflegung an Bord

Als kurz vor Reisebeginn der Postbote bei uns klingelt und mir ein Paket Expeditionsnahrung in die Hände drückt, bin ich überzeugt, er hat sich in der Tür vertan. Aber Marcus ruft mir zu: »Katrin, das passt, das ist für uns.« »Willst du auf den Mount Everest?«, frage ich. »Nein«, antwortet er, »das ist für unsere Reise. Ich dachte, dass es gut sein könnte, schnell etwas zu essen zu machen, wenn wir am Abend irgendwo ankommen und Tristan schon schläft.« So ganz schenke ich dem zwar zunächst keinen Glauben, aber dann erweist sich diese Art, Nahrung zuzubereiten, tatsächlich als hilfreich. Jägerpfanne, Spaghetti Bolognese, Reis mit Gemüse – es schmeckt wirklich gut. Und das Beste: Wir haben keinen Stress mit Essengehen oder Küchenlärm im Bus, wenn der Kleine schon schläft. Eine geniale Idee von Marcus!

die in saftige grüne Wiesen übergehen, im Hinterland des Grenzgebiets zwischen Asturien und Kantabrien die steilen Bergflanken der Picos de Europa, eines Gebirgsmassivs mit bis zu 2500 Meter hohen Gipfeln. Eine Landschaft, die man nicht unbedingt mit Spanien in Verbindung bringen würde. Umso faszinierender ist es, dieses Gebiet fernab der iberischen Stereotypen zu erkunden.

Die Reise führt uns über das beinahe schon kitschig-schöne Örtchen Cudillero vorbei an der kontinuierlichen Kombination von Blau, Grau, Weiß und Grün. Steile Klippen, bizarre Felsformationen in der Brandung des Atlantiks, weiße Sandstrände, grüne Wiesen, grasende Kühe und dichte Wälder. Traumhafte Sonnenuntergänge beschließen die Tage.

Ein kurzer Abstecher in die Ausläufer der Picos de Europa verspricht eine Begegnung mit einem fundamentalen Abschnitt der Geschichte Spaniens. Inmitten steiler Bergflanken liegt die Pilgerstätte Covadonga, von wo aus der Legende nach die christliche Rückeroberung ihren Ausgang nahm. Im 8. Jahrhundert besiegte der westgotische König Pelayo hier eine maurische Streitmacht. Der Sieg wurde zu einem symbolischen Kristallisationspunkt spanischer Geschichte stilisiert, galt er doch als Beginn der Errichtung des christlichen Königreichs von Asturien und Ausgangspunkt der Reconquista. 1492 fiel schließlich die letzte Bastion maurischer Herrschaft in Granada.

Vierzig Kilometer östlich von Santander besuchen wir den kleinen Ort Comillas. Hier steht »El Capricho«, eine Sommervilla, entworfen von dem weltberühmten katalanischen Architekten Antoni Gaudí. Erbaut um das Jahr 1885 ist es eines der wenigen Gebäude, die Gaudí außerhalb von Katalonien entworfen hat, und wie seine berühmten Bauten in Barcelona ein fast schon

◂ Blick auf die halbmondförmige Playa de la Concha. Der »Muschelstrand« liegt am Rand der baskischen Stadt San Sebastián.

▲ Pintxos: kleine Köstlichkeiten und kulinarischer Hochgenuss in den Bars von San Sebastián.

surreal wirkendes Haus voller Verzierungen und Ornamente und interessanter architektonischer Details. Kurz vor der großen Hafenstadt Bilbao überqueren wir die Grenze zum Baskenland, einer in vieler Hinsicht einzigartigen Region in Europa. Die Basken nennen ihr Land Euskal Herria. Es umfasst neben der Autonomen Gemeinschaft Baskenland in Spanien sowie der angrenzenden spanischen Region Navarra auch Teile des Südwestens von Frankreich, die eine länderübergreifende kulturelle und historische Einheit bilden. Der Ursprung der Basken bleibt bis heute rätselhaft. Sie bilden eine eigenständige Volksgruppe mit tief gehenden Unterschieden zum Rest von Europa. Archäologische und genetische Untersuchungen legen den Schluss nahe, dass die Basken die westlichen Pyrenäen bereits Tausende von Jahren bewohnten, bevor dieses Gebiet durch andere Völker besiedelt wurde. Euskara, die hoch komplexe baskische Sprache, hat keine Verwandtschaft zu anderen europäischen Sprachen, und es ist anzunehmen, dass diese bereits gesprochen wurde, bevor die indoeuropäischen Sprachen begannen, sich im heutigen Europa auszubreiten.

Das Baskenland ist ein Gebiet von großer landschaftlicher Schönheit, ganz besonders entlang der Küstenlinie. Das Hinterland mit seinen grünen, dicht bewaldeten Bergen und schroffen Graten steht vor einer Kulisse von Buchten, hellen Sandstränden, blau-grünem Ozean und wilden Steilküsten.

Ein besonderes Juwel dieser Region ist San Sebastián, das letzte Ziel unserer Reise durch Spanien und Inbegriff eines Badeorts vergangener Zeiten. Eingebettet zwischen Monte Igueldo und Monte Urgull liegt der sichelförmige Sandstrand Playa de la Concha. Etwas erhöht hinter dem Strand, der Paseo – eine breite Flaniermeile, gesäumt von einem verspielten, weißen Geländer, in regelmäßigen Abständen unterbrochen von mehrarmigen Laternenpfählen. Im Hintergrund altehrwürdige Gebäude, nahezu unverändert seit der Mitte des 19. Jahrhunderts.

Neben der wunderbaren Lage und Atmosphäre ist San Sebastián eine Hochburg der

Pintxos, und dieser kulinarische Hochgenuss ist allein Grund genug, der Stadt einen Besuch abzustatten. Pintxos sind verwandt mit den vielleicht besser bekannten Tapas und werden in Bars typischerweise als kleine Happen zu den Getränken angeboten. In San Sebastián wurden diese kleinen Gerichte aber zu einer Kunstform erhoben. In den Bars der Altstadt biegen sich die Tresen unter der Menge an aufgetürmten Tellern, gefüllt mit teilweise aufwändigst zubereiteten kleinen Köstlichkeiten. Warm, kalt, Fisch, Meeresfrüchte, Fleisch, vegetarisch – für jeden Geschmack ist etwas dabei. Und die kleinen Appetitanreger werden sehr rasch zum kulinarischen Hauptgericht. Am Abend spielt sich das städtische Leben in den Bars ab, und wenn kein Gast mehr hineinpasst, ergießt sich die Menge einfach ins Freie, in die Gassen und Straßen. Dass dies wohl eher die Norm als die Ausnahme darstellt, kann man am besten daran erkennen, dass vor den meisten Lokalen kurzerhand an den Hauswänden kleine Abstelltische angebracht wurden.

Beinahe wie ein letzter Gruß erinnert uns ein traumhafter Sonnenuntergang in der Bahia de la Concha daran, dass es Zeit wird, Spanien endgültig Lebewohl zu sagen. Wir müssen weiter Richtung Norden über die bereits nahe französische Grenze.

◂ Sonnenuntergang im Baskenland.
▾ Surfer-Nachwuchs an der Playa de la Concha in San Sebastián.

Praxistipp

FOTOGRAFIEREN WIE EIN PROFI

Ausrüstung

Fotografie ist höchst individuell, und die Ausrüstung richtet sich nach persönlichem Geschmack und speziellen Anforderungen. Im Laufe meiner jahrelangen Erfahrung hat sich für die Landschafts- und Reportagefotografie und davon abgeleitet auch für die ambitionierte Urlaubsfotografie folgende Ausrüstung als zweckmäßig erwiesen:

- Spiegelreflexkamera: wenn finanziell möglich mit Vollformatsensor, sonst APS-C
- Alternativ spiegellose Kamerasysteme: sehr interessante Entwicklung, ideale Größe und Gewicht, Qualität inzwischen sehr hoch; mindestens APS-C-Sensor
- Hochwertige Objektive mit den wichtigsten Brennweiten 24 mm, 35 mm, 50 mm, 90 mm, 200 mm (Circaangaben für Vollformat)
- Sinnvolle Grundausstattung bei Objektiven: 24–70 mm Zoom und 70–200 mm Zoom (Circaangaben für Vollformat)
- Schöne Ergänzung (wenn finanziell möglich): Ultraweitwinkel-Objektiv circa 21 mm, stärkeres Teleobjektiv bis 400 mm (für den Einstieg in die Tierfotografie)
- Filtersystem (hier ist die Qualität von unschätzbarem Wert): Filterhalter mit mehreren Filterslots, Grauverlaufsfilter in zwei bis drei Stärken (ND-Grads), Polarisationsfilter (Circular Polarizer), Filter mit ganz leichter warmer Farbkorrektur
- Hochwertiges, stabiles Stativ: guter Kompromiss zwischen Stabilität und Gewicht (Material zum Beispiel Karbon)
- Hochwertiger Stativkopf, angepasst an Kamera- und Objektivgröße
- Stabile Fototasche oder Rucksack
- Notebook und externe Speichermedien zur Datensicherung

Mein Hauptaugenmerk lege ich nach vielen Jahren der Fotografie heute auf Packmaß und Gewicht. Was nützt die professionellste Spiegelreflexkamera und das hochwertigste Objektiv, wenn sie so schwer und voluminös sind, dass ich sie letztendlich nur ungern oder gar nicht mitnehme? Das unhandliche, schwere Stativ bleibt oft im Fahrzeug liegen und ist dann nicht dabei, wenn es benötigt wird.

Die Goldene Stunde ...

... dauert nicht immer genau eine Stunde, ist aber trotzdem die beste Zeit zum Fotografieren. Als »Goldene Stunde« bezeichnet man die Zeiten des Tages, wenn das Licht der Sonne sehr spitzwinklig einfällt und die Landschaft in angenehmes, warmes Licht hüllt. Zweimal täglich hat man die Chance, während dieser ganz speziellen Lichtverhältnisse zu fotografieren: nach Sonnenaufgang und vor Sonnenuntergang (die Ausnahmen bilden Regionen nördlich des nördlichen Polarkreises und südlich des südlichen Polarkreises). Die Dauer dieses besonderen Lichts hängt von der Jahreszeit und der geografischen Breite ab. Für Smartphones und Tablets gibt es einige nützliche Apps, um diese Zeiten genau zu berechnen. Besonders eindrucksvolle Lichtstimmungen können auch während der Blauen Stunde entstehen, der Zeit vor und nach Sonnenuntergang, wenn der Himmel eine sehr typische dunkelblaue Farbe annimmt.

// JULI // 1800 KILOMETER // 18 TAGE

FRANKREICHS ATLANTIKKÜSTE

Wanderdünen und Menhire

◂ Katrin auf der Dune du Pilat.

Nach einem kurzen Zwischenstopp im schönen Biarritz steuern wir unser nächstes Ziel im Gebiet von Arcachon an, denn hier hat ein Naturphänomen mein Interesse geweckt. Ich hatte schon oft von der Dune du Pilat gehört und wollte mir jetzt selbst ein Bild von der höchsten Sanddüne Europas machen. Fast drei Kilometer lang, über 600 Meter breit und bis zu 110 Meter hoch. Zahlen, die schon sehr beeindruckend klingen, dem Erlebnis vor Ort aber nicht gerecht werden. Ich bin zunächst sprachlos, als ich vor diesem Ungetüm aus goldgelbem Sand stehe. Wie eine Wand baut sich die Düne vor mir auf, sie ist unglaublich steil, und ich frage mich zunächst, wie es überhaupt möglich ist, diesen riesigen Sandberg zu erklimmen. Nach einem sehr anstrengenden Aufstieg bietet sich aber ein fantastisches Panorama. Eine vorgelagerte Sandbank, eingerahmt von türkisfarbenem Wasser, dahinter die dunkelblaue unendliche Weite des Atlantiks, ein einsamer Leuchtturm am Eingang zur Bucht von Arcachon, Segelboote und Fischerboote. Optimale Windverhältnisse machen die Düne zu einem Eldorado für Hängegleiter und Drachenflieger, die als kleine Farbtupfer über den blauen Himmel gesprenkelt sind. Es ist ein wunderschöner Abend, und im Licht der niedrig stehenden Sonne scheint die Düne in einem goldenen Farbton zu glühen. Tristan spielt vergnügt im feinen Sand, und wir genießen die Stimmung auf der Spitze der Dune du Pilat.

Zumindest für eine kurze Zeit lässt uns dieses Erlebnis vergessen, dass etwas weiter unten im

Wald am Campingplatz unser Sorgenkind steht. Wir haben leider schon wieder große technische Probleme mit dem Bulli, und es ist kaum noch möglich, ihn zu starten. Es ist unser inzwischen altbekanntes Problem – diesmal hat der Unterbrecherkontakt nur noch knapp 1500 Kilometer gehalten. Meine dunkle Vorahnung wird zur Gewissheit, und wir müssen uns der Realität stellen, dass hier ein tiefer greifendes Problem vorliegt. Ohne einen Spezialisten ist unsere Reise ernsthaft gefährdet. Meine Recherchen im Internet bringen mich nicht weiter, also kontaktiere ich einen Ersatzteilspezialisten in der Nähe von München, mit dem ich während der Reisevorbereitung einige Male zu tun hatte. Meine Hoffnung ist, dass er vielleicht einen Kontakt in Frankreich hat, der uns weiterhelfen kann.

Leider scheint Frankreich aber nicht das Land der Bulli-Spezialisten zu sein. Trotzdem sorgt der Ersatzteilhändler in Deutschland für einen kleinen Hoffnungsschimmer, indem er uns Volker empfiehlt, einen nach Frankreich emigrierten Deutschen, der zwar auf alte Mercedes spezialisiert ist, uns aber eventuell trotzdem weiterhelfen kann. Für uns bedeutet das zunächst einmal einen Umweg ins Landesinnere, in den Nordwesten des Massif Central. Volker erwartet uns schon in seiner Werkstatt, und es ist natürlich von unschätzbarem Vorteil, dass ich mich mit ihm problemlos verständigen kann, denn für detaillierte technische Gespräche reicht mein Schulfranzösisch einfach nicht aus. Die Symptomatik des Problems ist bekannt und damit auch recht schnell bestätigt – wieder der verbrannte Unterbrecherkontakt –, nur der Grund für den immer schnelleren Verschleiß dieses Teils bleibt weiterhin rätselhaft. Hier stößt auch Volker an seine Grenzen, alte VWs sind eben nicht sein

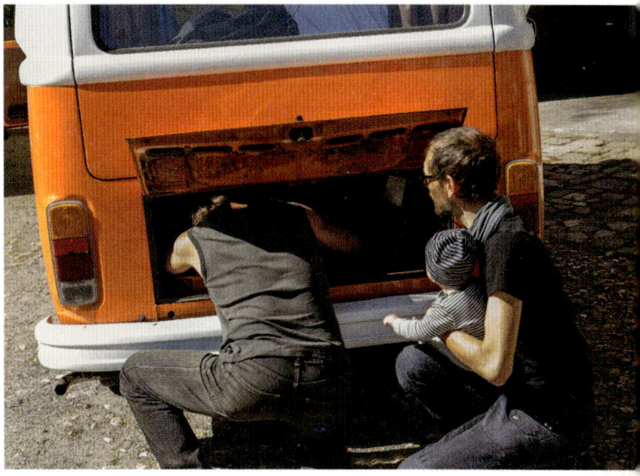

Spezialgebiet. Zur Sicherheit tauschen wir auch noch den Kondensator, möglicher Auslöser des Problems. Unsere Hoffnung ist also weiterhin ein VW-Spezialist, den wir in Frankreich vermutlich aber nicht finden werden. Wir hoffen also auf England, wohin unsere Reise uns ohnehin führen sollte und wo es eine rege VW-Bus-Szene gibt. Ich hatte dort bereits vor unserer Abreise einige Kontakte ausfindig gemacht. Dennoch entschließen wir uns, nicht den direkten Weg nach Großbritannien zu nehmen – wir haben uns sehr auf die Bretagne gefreut und wollen dieses Reiseziel nicht einfach auslassen.

Seit unserem Besuch in der Werkstatt von Volker läuft der Bulli wieder einigermaßen, die dunkle Vorahnung, dass unsere Reise nur noch aus geliehener Zeit besteht, werde ich trotzdem nicht los. Ganz der Tradition unseres Wegs entsprechend wollen wir die Region im äußersten Westen des französischen Festlands entlang der Atlantikküste umfahren.

Im Einflussbereich des Golfstroms weist die Bretagne ein ausgesprochen ozeanisches Klima mit relativ milden Temperaturen auf. Die Halbinsel ist charakterisiert durch eine zerklüftete Küstenlinie mit vielen kleinen vorgelagerten Inseln. Vor allem im Nordwesten finden sich

◂◂ Die Dune du Pilat ist die höchste Sanddüne Europas.
▴▴ Die typischen Steinhäuser der retagne.
▴ Volker hilft, den Bulli wieder flott zu bekommen.

▲ Kleine Orte wie Paimpol an der Küste der Bretagne verzaubern den Besucher mit Charme und Flair.

▼ Schnecken und Austern gehören zu den kulinarischen Highlights der Bretagne.

▼ Bemalte Fenster werfen bunte Muster auf den Boden einer Kirche in der Bretagne.

dramatische Steilküsten, mit Granitklippen, die bis zu siebzig Meter aus dem Atlantik herausragen. Die Südküste ist etwas flacher, weniger wild, mit vielen schönen Buchten und Stränden zum Baden.

Der beeindruckendste Aspekt des Südens ist aber Carnac mit seinen neolithischen Monumenten. Die prähistorischen Anlagen in Carnac zählen neben Newgrange in Irland, Stonehenge in England und dem Ring of Brodgar auf den Orkney-Inseln zu den wichtigsten steinzeitlichen Anlagen Europas. Was Carnac heraushebt, ist die schiere Größe: Tausende von Megalithen stehen neben Dolmen und Ganggräbern, wobei sich die Steinreihen über fast vier Kilometer ziehen. Mit einem Alter von bis zu 7000 Jahren gehören diese Formationen auch zu den ältesten bekannten prähistorischen Stätten in Europa. Über ihre genaue Funktion weiß man bis heute genauso wenig wie über ihre Erbauer. Staunend und ehrfürchtig stehe ich hier an diesen Anlagen gigantischen Ausmaßes, es gelingt mir nur ansatzweise zu verstehen, welche Zeit und Ressourcen vereint wurden und welche Leistung das für eine steinzeitliche Kultur darstellt. Im Schatten dieser die Äonen überdauernden Bauwerke fühle ich mich etwas klein und verloren und realisiere wieder einmal, wie kurz unsere Zeit auf dieser Erde tatsächlich ist.

Je weiter wir nach Norden kommen, umso wilder wird die Küste. Bunte Blumenteppiche bedecken die Hügel, bevor diese an felsigen Klippen jäh zum Meer abfallen. Die kleinen Dörfer scheinen der wilden Landschaft entsprungen: steinerne Häuser, erbaut aus Granit- und Sandsteinquadern, geschmückt mit Blumen und farbigen Fensterläden. Alles ist gepflegt, sauber und liebevoll arrangiert. Wir besuchen wunderschöne alte Kirchen, in denen Sonnenlicht durch die Glasmalerei der Fenster strahlt und die steinernen Böden mit einem Kaleidoskop aus farbigen Mustern und Lichtpunkten bemalt.

▲ Keltische Buchhandlung in Locronan, Bretagne.

An der berühmten Côte de Granit Rose stehe ich vor einer Landschaft aus Granitfelsen, aus denen die Erosion und die Kraft des Ozeans fantastische Formen modelliert hat. Nur der Name ergibt für mich im ersten Augenblick keinen Sinn, sehe ich doch hier nur beigefarbene Steine. Doch erst am Abend entfaltet sich die Magie dieses Orts, wenn die Sonne in Richtung des Horizonts wandert. Im tief stehenden Licht beginnen die Felsen zu leuchten, zuerst roséfarben, dann orangerot, beinahe so, als ob sie von innen heraus warm pulsieren würden, zum Glühen gebracht vom Feuerball der Sonne, bevor dieser in den Ozean taucht. Das Licht- und Schattenspiel erweckt die Steine zum Leben – man glaubt, menschliche Formen, Gesichter und fantastische Fabelwesen entdecken zu können.

Die Bretagne erweist sich auch als kulinarisches Highlight. In wunderbaren kleinen Orten wie Paimpol schlendern wir über Märkte mit frischem Fisch, Obst und Gemüse. Lokale und Bäckereien locken mit Leckerbissen wie Crêpes und riesigen Baisers.

An einer Straßenecke sitzt eine junge Frau, spielt Akkordeon und singt Chansons. Tristan ist fasziniert und kann seine Augen gar nicht mehr von ihr lösen. Blicke überwinden Sprachbarrieren, die Musikerin kokettiert mit ihm, und er darf mit seinen kleinen Fingerchen eine Taste berühren. Mit offenem Mund starrt er das Akkordeon an, als ein Ton aus dem Instrument dringt.

Jeden Morgen dasselbe schöne Ritual auf unserem kleinen, idyllischen Campingplatz. Der lokale Bäcker kommt mit einem alten, klapprigen Citroën angefahren und verkauft frisches Baguette, Croissants und Pain au Chocolat aus dem Laderaum seines Lieferwagens. Wir genießen diese Erlebnisse, die uns als typisch für dieses Land erscheinen. Und doch fühlt sich die Bretagne in vielen Aspekten anders als der Rest Frankreichs an. Nicht zuletzt auch deshalb, weil hier überraschend viele Menschen, vor allem die junge Generation, ganz untypischerweise sehr gutes Englisch sprechen. Ein Umstand, der sicherlich den großen touristischen Besucherzahlen von den britischen Inseln geschuldet ist, tatsächlich aber einen noch weitaus tiefgreifenderen Grund hat.

Die Bretagne hat eine interessante Geschichte, die vor allem durch zwei Dinge gekennzeichnet ist – eine tief sitzende Eigenständigkeit und starke Verbindungen ins heutige Großbritannien. Vor knapp 1600 Jahren verließen britannische Gruppen ihre Heimat auf der Flucht vor den Angelsachsen und wanderten in die heutige Bretagne ein. Auf diese Menschen geht auch das heute noch gesprochene Bretonisch zurück, eine alte keltische Sprache, eng verwandt mit dem Walisischen und Kornischen. Die Region behauptete sehr lange ihre Eigenständigkeit und

▸ Das Licht der untergehenden Sonne erweckt die Côte de Granit Rose zum Leben.

wurde erst im 16. Jahrhundert endgültig Teil des französischen Königreichs. Die starken Verbindungen in den britannischen Raum sind bis heute nicht abgerissen und finden nicht zuletzt auch ihren musikalischen Ausdruck im Interkeltischen Festival von Lorient in der Südbretagne, dem jedes Jahr über 700 000 Besucher beiwohnen.

Als letzte Station unserer Reise besuchen wir die schöne alte Hafenstadt Saint-Malo, von hier aus wollen wir auch eine der vielen Fährverbindungen nach Großbritannien nutzen.

Doch es sollte anders kommen. Die technischen Probleme mit dem Bulli sind schlimmer als je zuvor. Schon seit Tagen habe ich große Schwierigkeiten, den Bus zu starten, er stirbt immer wieder ab und eines Morgens ist dann endgültig Schluss. Wir müssen der Realität ins Auge blicken: Ohne Spezialisten und eine

▲ Wunderbar geschmückte Steinhäuser in Locronan, Bretagne.
▼ Die Île de Bréhat liegt an der Nordküste der Bretagne.

▶ Markt in Paimpol.

▲ Sommerliche Landschaft am Cap Fréhel, Bretagne.

▸ Gigantische Megalith-Anlagen in Carnac.

◂ Traurige Gewissheit: Unsere Reise endet in Nantes.

fachmännische Reparatur kommen wir nicht mehr weiter. Dazu müssten wir es aber bis England schaffen. Wir wägen das Risiko ab, den Bulli auf eine Fähre zu fahren und überzusetzen. Damit würden wir aber einen möglicherweise notwendigen Rücktransport nach Hause noch aufwendiger und schwieriger gestalten. Ein weiterer Werkstattaufenthalt würde zudem viel Zeit in Anspruch nehmen. Durch die vielen Pannen liegen wir bereits weit hinter dem Zeitplan, die Sorge um das Fahrzeug drängt sich immer stärker in den Vordergrund und wird zum dominierenden Faktor der Reise. Zunehmend wird es auch ein Wettrennen gegen die Jahreszeit – wir wollen nicht riskieren, den subarktischen Norden Norwegens zu spät im Jahr zu erreichen.

Dass es ein Wagnis ist, mit einem Oldtimer Europa von Süd nach Nord zu durchqueren, war uns immer klar. Dass unser Abenteuer aber wirklich ein vorzeitiges Ende nehmen sollte – daran haben wir nie geglaubt. Eine normale und wahrscheinlich auch notwendige Einstellung, wenn man seine Träume verwirklichen will. Meine

TAGEBUCH KATRIN

Ein Traum zerplatzt

Als klar ist, dass unsere Reise hier endet, kann ich eigentlich nur an Marcus denken. Man sieht ihm richtig an, wie es ihn mitnimmt. Er ist zittrig und wirkt zusammengefallen. Ich spiele die Starke, um ihm nicht auch noch meinen Kummer aufzubürden oder das, was das Ende dieser Reise für unsere kleine Familie bedeutet. Warum muss das jetzt passieren? Warum verlässt uns das Glück? Es muss einen Grund geben, wahrscheinlich kenne ich ihn nur noch nicht …

Finger zittern ein wenig, als ich die Zahlen in mein Mobiltelefon eingebe, um den gefürchteten und alles beschließenden Anruf beim Automobilclub zu tätigen. Der Bulli muss zurück nach Hause überstellt werden. Mit einem Mal wird mir auch die gesamte Tragweite bewusst: Abbruch, keine Weiterreise, wir werden das Nordkap dieses Jahr nicht erreichen. Unsere Enttäuschung ist groß, die beruflichen Auswirkungen für mich sind allerdings noch viel gravierender. Es wird vorerst keine neue Live-Reportage geben und damit auch keine Vortragstournee und keine Einnahmen. Die wahren Ausmaße des Begriffs »Berufsrisiko« werden mir in diesem Moment schmerzlich bewusst.

Der Grat zwischen Erfolg und Niederlage wird immer schmaler, je außergewöhnlicher die Projekte werden. Auch die individuelle Definition dieser beiden Begriffe liegt im Auge des Betrachters. Wir haben unser Ziel zwar nicht erreicht, was wir aber gewonnen haben, sind die vielen wunderbaren Eindrücke und Erlebnisse der vergangenen Wochen. Diese werden für immer uns gehören und ein Teil unserer Familiengeschichte sein. Außerdem sind wir fest entschlossen, diese Reise fortzuführen, unter neuen Voraussetzungen, vermutlich im nächsten Jahr. Denn eines hat sich in unseren Köpfen nicht verändert: Träume sind dazu da, sie zu verwirklichen.

▾ ▸ Prachtvolle Sonnenuntergänge in der Bretagne.

Praxistipp

REISEPLANUNG UND BESTE JAHRESZEITEN

Grundvoraussetzung für die Reise ist es, nicht mehr als ein Minimum an Planung vorzunehmen, denn nur so lässt sich das Konzept »einfach ins Auto und weg« realisieren. Das Gefühl der Spontaneität, Ungebundenheit und Freiheit ist einer der wichtigsten Faktoren dieser Reise.

Bei einer Reise über 22 000 Kilometer in einem Oldtimer müssen wir aber trotzdem ein Grobkonzept aufstellen. Die beiden Hauptgründe dafür sind, dass wir nicht unbegrenzt Zeit haben und dass bei einer Nord-Süd-Traverse Europas einige klimatische Eckdaten zu berücksichtigen sind.

Bei der täglichen Reisedistanz müssen wir im Wesentlichen drei Dinge betrachten: Wir fahren mit einem Oldtimer und einer maximalen Reisegeschwindigkeit von achtzig Kilometern pro Stunde. Weite Strecken wollen wir mit Rücksicht auf die Kinder so oft wie möglich vermeiden. Und wir wollen nicht täglich fahren, sondern genügend Zeit zur Verfügung haben, die Regionen zu erleben.

150 bis 180 Kilometer an täglicher Fahrdistanz im Gesamtdurchschnitt erscheinen uns realistisch. Das verschafft uns genügend Flexibilität für eine Mischung aus Strecke-Machen und Erleben. Grob berechnet benötigen wir mindestens vier Monate für unsere Reise. Dies steht auch im Einklang mit

dem Zeitfenster für die jahreszeitliche Planung.

Die Entscheidung ergibt sich aus den beiden klimatischen Extremen der Reise. Später als Ende August wollen wir auf keinen Fall am Nordkap ankommen. Das Risiko eines Kälteeinbruchs wird danach zu groß, für herbstliche Bedingungen rund 500 Kilometer nördlich des Polarkreises ist der Bulli einfach nicht ausgestattet.

Der große Vorteil dieser Planung ist, dass wir zur idealen Reisezeit in Südspanien unterwegs sein können, noch vor der kaum auszuhaltenden Hitze des Sommers. Im Mai ist die Landschaft noch nicht ausgetrocknet, die Bäume blühen, und wir können uns den ganzen Tag im Freien aufhalten. Mitte Juni bis Ende Juli sind generell nicht die besten Reisezeiten, zu diesem Zeitpunkt würden wir in England, Irland und Schottland unterwegs sein. Zwar ist der Sommer vor allem in Schottland keine gute Reisezeit, aber insgesamt ist es der bestmögliche Plan angesichts der Süd-Nord-Extreme.

Auf keinen Fall zu vernachlässigen bei so einer Reise sind die zusätzlich hinzukommenden langen Distanzen der An- und Rückreise. So müssen insgesamt 2500 Kilometer von Innsbruck nach Gibraltar und 3500 Kilometer vom Nordkap zurück nach Hause bewältigt werden.

◂ Zwei Wochen nach unserer Ankunft zu Hause trifft auch der Bulli ein.

// JUNI // 1200 KILOMETER // 3 TAGE

UNFREIWILLIGE UNTERBRECHUNG

Und dann der erneute Aufbruch

Zwei Wochen nach unserer Ankunft zu Hause kommt auch der Bulli huckepack auf dem Abschleppwagen an. Gemeinsam mit meinem Automechaniker beginne ich mit der Detektivarbeit, um endlich den wahren Grund für die technischen Probleme zu finden, die uns letztlich zur Aufgabe gezwungen haben. Nach längerer intensiver Suche ist der Schuldige dann schließlich gefunden: ein schleichend schlimmer werdender Defekt der Trägerplatte im Zündverteiler. Endlich ist es möglich, eine gezielte Reparatur mit den passenden Ersatzteilen durchzuführen, und der Bulli wird wieder reisefertig gemacht. Denn wir sind fest entschlossen, im nächsten Jahr das Nordkap zu erreichen. Doch auch das sollte nicht sein.

Im November 2013 werde ich mit extrem starken Schmerzen ins Krankenhaus eingeliefert. Diagnose: ein massiver Bandscheibenvorfall mit starken Lähmungserscheinungen im rechten Bein. Leider schon zum zweiten Mal innerhalb weniger Jahre, und diesmal kommt es noch schlimmer. Ich muss mich in der Nacht einer Notoperation unterziehen, um schwerwiegende bleibende Schäden zu vermeiden. Leider weiß ich schon, was auf mich zukommt: ein langer Krankenhausaufenthalt und monatelange Rehabilitation.

Eine gesundheitliche, vor allem aber auch eine berufliche Katastrophe. Als selbstständiger Unternehmer ist der Großteil meiner Einkünfte abhängig von meinem persönlichen Einsatz und meiner Leistungsfähigkeit. Für meine Tätigkeit als Vortragsreferent ist es zu dieser Jahreszeit

Praxistipp

ZU HAUSE WIEDER EINLEBEN

Nach zweieinhalb Monaten auf Achse kann man zu Hause nicht einfach in den Alltag übergehen. Nach dem Ende der ersten Reise ist es für uns doppelt schwierig, da wir unfreiwillig abbrechen mussten und im Kopf noch Richtung Nordkap unterwegs sind.

Wir geben uns Zeit, langsam wieder anzukommen und nicht sofort ins gewohnte Leben einzusteigen. Wir unternehmen viel gemeinsam, machen Ausflüge und besuchen Freunde und Familie. Wir versuchen, auch ein paar Rituale beizubehalten, Frühstücken im Garten oder Grillen am Abend auf der Terrasse. Die an sich für die gesamte Reise geplante Zeit nutzen wir auch für einige Projekte, die sich sonst im normalen Tagesablauf nur schwer unterbringen lassen.

Um die Enttäuschung über den Abbruch der Reise zu verarbeiten, stecken wir uns auch relativ rasch neue Ziele und schmieden Pläne für die nahe Zukunft, allen voran natürlich, wie wir die Reise ans Nordkap im nächsten Jahr fortsetzen werden.

Die gewohnte Routine schleicht sich so weniger abrupt und nur auf leisen Sohlen wieder in unser Alltagsleben, und es gelingt uns auch tatsächlich, ohne große Probleme wieder zu Hause anzukommen.

Ähnlich gehen wir auch nach dem Ende der zweiten Reise vor, speziell da wir dieses Mal noch zusätzlich die Bedürfnisse der Kinder berücksichtigen müssen. Insbesondere für Tristan, der zu diesem Zeitpunkt schon dreieinhalb Jahre alt ist, ist das Nachhausekommen nach über zweieinhalb Monaten Reise ein Prozess, den er bewusst erlebt. Ähnlich wie nach unserer ersten Reise versuchen wir hier, mit gemeinsamen Aktivitäten das Erlebte sanft ausklingen zu lassen und uns langsam wieder ins Alltagsleben einzufügen. Ein Großteil dieser Aufgabe lastet dieses Mal allerdings auf Katrins Schultern, da ich kurz nach unserer Ankunft auf eine weitere Reise aufbreche, die mich noch einmal neun Wochen von zu Hause wegführt.

der Super-GAU. Bereits gebuchte Veranstaltungen müssen abgesagt, verkaufte Karten zurückerstattet werden. Ein Abgrund tut sich vor mir auf – mental, aber auch wirtschaftlich und finanziell. Katrin ist in Elternzeit mit beschränktem Einkommen, Tristan ist erst zehn Monate alt und braucht seine Mutter, zumal ich mich in meinem Zustand kaum allein um ein Kleinkind kümmern kann. Mit dem Ausfall einer ganzen Vortragssaison fehlt der Großteil meiner Einkünfte. Meine Tage sind von Schmerzen und dem Kampf geprägt, in ein normales Leben zurückzufinden, meine Nächte von quälenden Zukunftsängsten. Mit sehr viel Unterstützung von Familie und Freunden versuchen wir, diese schwierige Situation zu meistern.

Reisen und die Arbeit an neuen Projekten sind mit einem Schlag in weite Ferne gerückt. Unser finanzielles Überleben zu sichern, hat nun Priorität. Nach einer ersten Genesungsphase entschließe ich mich dazu, einen Vollzeitjob anzunehmen, um den Lebensunterhalt für unsere kleine Familie zu bestreiten. Ob überhaupt und vor allem wann wir unseren Traum verwirklichen können, mit dem Bulli das Nordkap zu erreichen, ist vorerst einmal völlig unklar. Mein Gesundheitszustand verbessert sich im Laufe der Wochen und Monate, ein geregeltes Einkommen hilft, unsere finanzielle Situation zu stabilisieren, und es kommt auch wieder die Zeit, in der wir anfangen, unsere Zukunft zu planen.

Vor drei Jahren hatte ich während des Kanamara-Matsuri-Fests den hölzernen Phallus gerieben, um in alter Tradition um Fruchtbarkeit und Glück zu bitten. Damals hatten wir ein Kirschblütenbaby mit nach Hause gebracht. Das Vermächtnis des hölzernen Phallus im Kanayama-Schrein war aber wohl noch viel weitreichender als gedacht, die Wirkung länger als erwartet: Im Dezember 2015 erblickt unser zweiter Sohn, Valerian, das Licht der Welt.

TAGEBUCH KATRIN

Stark sein in der Krise

Um es mit einem Wort zu beschreiben: eine Katastrophe. Die Ungewissheit, ob Marcus Folgeschäden haben könnte, die gesamte Verantwortung für Tristan auf meinen Schultern, finanzielle Zukunftsängste und zur Krönung – ein geplatzter Traum. Trotzdem versuche ich, Marcus gegenüber positiv zu erscheinen, meine Ängste hinunterzuschlucken und Zukunftspläne zu schmieden. Um ihm eine Perspektive zu geben. So sehr ich die ersten Tage im Bulli verflucht habe, so sehr wünsche ich mir jetzt genau das, die Unbeschwertheit des Reisens, fernab von den erdrückenden Herausforderungen des derzeitigen Alltags. Ob wir das jemals wieder erleben werden?

▾ Wunderschöner Doppelregenbogen auf der Isle of Islay in Schottland.

▾ Bulli-Leben: das Abkochen von Fläschchen *on the road*.

▴▴ Früh übt sich … Tristan am Steuer von »Papa-Bus«.
▴ Ein neuer Mitreisender: Valerian verstärkt unsere Bulli-Mannschaft.

In den ersten Lebensmonaten von Valerian erinnern wir uns oft an die wunderbare Reise mit dem Bulli und die schöne Zeit, die wir gemeinsam auf dem Weg hatten. In vielen Gesprächen wird uns dann auch klar, dass jetzt die Zeit gekommen ist, unseren Traum, das Nordkap zu erreichen, zu Ende zu führen. Der große Unterschied ist diesmal allerdings, dass sich dies nur schwer mit einem Vollzeitjob vereinbaren lässt. Um unser gemeinsames Projekt zu realisieren, nehme ich mir vier Monate Karenz.

Die Erfahrungen und Routine der ersten Reise machen es uns verhältnismäßig leicht, den Bulli wieder startklar zu machen. Viele Dinge, die wir damals nicht benötigt haben, bleiben von Anfang an zu Hause – was uns mehr Platz verschafft, denn immerhin sind wir diesmal zu viert unterwegs. Ein Umstand, der mir in einer Hinsicht viel Kopfzerbrechen bereitet. War es bei der ersten Reise schon eine Herausforderung, den Kindersitz zu befestigen, sind es diesmal zwei! Ich kann es drehen und wenden, wie ich will, ohne größere Umbauten ist es nicht möglich, die beiden Sitze auf der Rückbank zu befestigen. Letztlich gibt es nur eine Lösung – Katrin ist für die

Dauer der Reise auf die Rückbank verbannt und ein Kindersitz muss nach vorn. Was gleichzeitig auch bedeutet, dass Tristan für die nächsten Monate mein Beifahrer sein wird.

Unser Plan ist, zunächst über den Ärmelkanal zu setzen, dann unsere Fahrt entlang der Atlantikküste aufzunehmen, die uns nach Cornwall, Irland, Schottland und schließlich nach Norwegen und bis ans Nordkap führen soll.

Die Grundprämisse, unter der wir die Reise antreten, ist, dass die Bedürfnisse der Kinder immer an erster Stelle stehen. Darum nehmen wir uns vor, soweit es geht, kurze Strecken zu fahren, Unterbrechungen einzulegen und immer Raum für kindgerechte Aktivitäten zu geben. Tristan ist nun in einem Alter, in dem er Bedürfnisse hat, die sich nicht immer mit dem Leben in einem Bus vereinbaren lassen – darauf wollen wir achten.

Gut drei Jahre nach unserem ersten Start – Valerian ist sechs Monate, Tristan dreieinhalb Jahre alt – machen wir uns im Juni 2016 zu unserer langen Reise in Richtung Nordkap auf. Nach einer Anfahrt von mehr als 1000 Kilometern stehen Katrin, Tristan, Valerian, ich und »Papa-Bus« – auf diesen Namen hat Tristan unseren Bulli in der Zwischenzeit getauft – am Fährhafen von Dunkerque und warten auf die Einschiffung nach England.

▾ Der Fährhafen von Dunkerque: Wir warten auf das Einschiffen nach England.

// JUNI // 1400 KILOMETER // 12 TAGE

CORNWALL

Surferparadies mit keltischen Wurzeln

Nach ungefähr eineinhalb Stunden Fahrt beginnt sich eine dünne, weiße Linie am Horizont vom graublauen Wasser des Ärmelkanals abzuheben. Die Linie wird immer höher und prägnanter, als sich die Fähre langsam dem Festland nähert, bis sich schließlich die beeindruckenden Kreidefelsen von Dover vor dem Bug des Schiffs auftürmen. Stellenweise sind die weißen Klippen über hundert Meter hoch und erinnern an einen gewaltigen Gletscherabbruch mit grüner Krone.

Die weißen Kreidefelsen haben einen ikonischen Charakter für Großbritannien. Vor der Ära des kommerziellen Flugverkehrs war eine Schiffsreise nach Dover die kürzeste Distanz zwischen dem europäischen Festland und den britischen Inseln. Die Überquerung des Kanals an seiner engsten Stelle war auch der meistgenutzte Seeweg, und so waren die Klippen zumeist das Erste und Letzte, was Reisende von Großbritannien zu Gesicht bekamen. Für die britische Psyche waren diese Felsen aber auch immer ein Symbol des Schutzes gegen drohende Invasionen aus Kontinentaleuropa. Unsterblich gemacht in Literatur und Musik, beschrieben und besungen von Shakespeare bis Matthew Arnold, Vera Lynn, Jimmy Cliff und The Police.

Auf der Fahrt entlang der Küste passieren wir die große historische Hafenstadt Portsmouth, in der wir mit dem Schiff aus der Bretagne angekommen wären, wenn wir unsere erste Reise vor drei Jahren nicht hätten abbrechen müssen. Wir befinden uns auf dem Weg nach Cornwall, dem

◂ Malerische kleine Orte reihen sich entlang der Klippenküste von Cornwall auf, hier Gorran Haven.

südwestlichsten Zipfel Großbritanniens, einem Land der Mythen und Legenden und sagenumwobene Heimat von König Artus und den Rittern der Tafelrunde. Über Jahrhunderte war Cornwall eine der letzten Bastionen keltischer Kultur, praktisch unberührt von der römischen Besatzung Britanniens. Auch später während der angelsächsischen Herrschaft blieb die keltische Kultur hier bestimmend. Erst nach der normannischen Eroberung Britanniens 1066 wurde Cornwall in das Königreich England eingegliedert, behielt aber immer eine gewisse Eigenständigkeit. Die kornische Sprache gehört dem britannischen Zweig der keltischen Sprachen an und hat neben Walisisch und Bretonisch bis heute überlebt, allerdings galt das Kornische seit Ende des 18. Jahrhunderts als ausgestorben und verdankt seine seit der Jahrtausendwende zunehmende Sprecherzahl einer gezielten Wiederbelebung im 20. Jahrhundert.

Cornwalls Wirtschaft ist heute stark vom Tourismus geprägt, dem sich gut ein Viertel des Bruttoinlandprodukts der Region verdankt. Es ist nicht schwer zu verstehen, warum diese Region oft als die englische Riviera bezeichnet wird: türkisfarbenes Meer und weiße Sandstrände umrahmt von dramatischen Felsküsten, in deren Meereseinschnitten malerische kleine Orte mit weiß getünchten Häusern eingebettet liegen. In den Sommermonaten kann es mitunter recht eng werden, aber glücklicherweise ist es in Cornwall nach wie vor möglich, sich mit ein wenig Insiderwissen den Besucherströmen zu entziehen. Inmitten traumhafter unberührte Landschaften und auf einsamen Stränden erholen wir uns ein wenig von der langen Reise und verbringen ein paar schöne Tage unter der kornischen Sonne.

Wir fahren durch Orte mit ungewöhnlich klingenden Namen wie Looe, Polperro, Fowey und erreichen schließlich über die wunderschöne Roseland Peninsula den Ort Penzance. Unsere Ankunft an diesem Tag ist nicht zufällig, denn das Golowan Festival ist gerade in vollem Gange.

◂ Das Golowan Festival in den Straßen von Penzance.

◂ Immer wieder Begegnungen mit Gleichgesinnten.
▾ Der Bulli – Sinnbild für Reise, Abenteuer und Freiheit.

»Golowan« ist ein Begriff aus der kornischen Sprache und bezeichnet das Mittsommerfest. Die Feierlichkeiten rund um den Johannistag zur Sommersonnwende waren bis Ende des 19. Jahrhunderts in ganz Cornwall weitverbreitet. Nach Sonnenuntergang wurden in den Orten Reihen von Teerfässern und Lagerfeuern entzündet, Fackeln durch die Straßen getragen, und die Jugendlichen des Orts nahmen an dem uralten Brauch des Schlangentanzes teil. Aufgrund der vermeintlichen Feuergefahr starb diese Tradition aber nach und nach aus, und es dauerte bis Ende des 20. Jahrhunderts, bis das Golowan Festival in Penzance wiederbelebt wurde. Die offenen Feuer sind wunderbaren Feuerwerksdarbietungen gewichen, das Fest hat aber nichts von seiner Faszination verloren.

Heute ist Mazey Day, ein besonderer Tag der Festlichkeiten, an dem die Innenstadt in einen großen Markt verwandelt wird. Zehntausende Menschen drängen sich durch die Straßen und Gassen, überall sind Verkaufsstände aufgebaut. Wie üblich sehr viel Ramsch und Kitsch, immer wieder aber auch interessante Waren aus lokaler Herstellung. Ganz besonders lohnenswert sind die vielen Essensstände, an denen man leckere Köstlichkeiten und Gerichte aus aller Welt genießen kann. Immer wieder ziehen Umzüge durch die Stadt. Schulen, Vereine und Künstler füllen die Straßen mit Musik und riesigen, selbstgebauten Skulpturen. Ein Skelett, bemalt im Stil der Dia-de-los-Muertos-Feierlichkeiten, zieht an uns vorbei, gefolgt von einem roten, feuerspeienden Drachen, einem Mischwesen aus Dackel und Tausendfüßler und schließlich ein weißes Einhorn. Zwischen den Skulpturen marschieren in regelmäßigen Abständen Musikkapellen mit verschiedensten Instrumenten und erfüllen die Innenstadt mit einer fröhlichen Atmosphäre.

Als wir bei einem Pint Ale unter blauem Himmel vor einem Pub sitzen, beschleicht uns ganz plötzlich ein Gefühl des Déjà-vu: Vor drei Jahren, am Beginn unserer ersten Reise, saßen wir in einem Pub in Gibraltar und sinnierten darüber, dass dies ein Vorbote englischer Pub-Besuche sein könnte. Damals konnten wir natürlich nicht ahnen, dass nicht Wochen, sondern Jahre vergehen sollten, bevor wir England erreichen würden, und dies auch nicht mehr zu dritt, sondern nun zu viert.

▲ Valerian beim Sandspielen – »Papa-Bus« ist auch dabei.
▶ Schöne Tage unter der kornischen Sonne am Strand.
▼ Der Hafen von Polperro.

◂ Bedruthan Steps an der Nordwestküste von Cornwall.

Nach ein paar Tagen Sonnenschein und Strandurlaub wird das Wetter leider immer schlechter. Manchmal regnet es den ganzen Tag, und wir versuchen unser Möglichstes, um den Kindern ein wenig Abwechslung zu bieten. Schnell und schmerzlich wird uns auch klar, dass es im zweiten Teil unserer Reise einen ganz entscheidenden Unterschied gibt: Im Süden war die Wahrscheinlichkeit für trockenes Wetter relativ hoch, und wir hatten bis auf die hartnäckige Schlechtwetterfront in Galicien immer wenig Regen und angenehme Temperaturen. Wir konnten ohne Probleme campieren, uns im Freien aufhalten und mit Tristan etwas unternehmen.

Bedingungen, die man grundsätzlich auch in Großbritannien vorfinden kann, nur leider haben wir in diesem Jahr kein Glück. Das Campen wird zu einer extremen Herausforderung. Alles ist nass und feucht im Bus, das Aufstelldach können wir praktisch nicht nutzen, da die dünne Stoffbespannung weder wasserdicht ist noch Wärmeisolation bietet. Mit zwei kleinen Kindern haben wir mit extrem beengten Platzverhältnissen zu kämpfen, auf den völlig durchnässten Böden rund um den Bus können sie nicht spielen, und die minimale Infrastruktur der Campingplätze trägt ebenfalls nicht zur Besserung der Situation bei. Tristan ist vom Baby zum Kleinkind geworden, hat ganz andere Bedürfnisse und ist nicht mehr so leicht zu beschäftigen wie vor drei Jahren. Er will völlig zu Recht etwas unternehmen und herumtollen. Die Situation birgt das perfekte Rezept für Lagerkoller, und dies gleich am Beginn der Reise, und die Wetterunsicherheit würde uns den gesamten Weg bis zum Nordkap begleiten. Dies war uns natürlich auch vor Reisebeginn schon bewusst, aber wir waren wohl ein wenig zu optimistisch. In der Nässe und Kälte einer kornischen Schlechtwetterfront wird rasch klar, dass wir unseren Plan, die ganze Reise zu zelten, wohl kaum durchhalten können. Bei guten Wetterbedingungen ist Camping natürlich weiterhin eine Option, für den Rest der Zeit benötigen wir aber eine Alternative.

Das Wetter bleibt sehr wechselhaft, aber auf eine regnerische Phase folgen auch ein paar trockene Tage, sodass wir Cornwall noch in der altbewährten Form mit Übernachtungen im Bulli erkunden können. Wir nutzen die schöneren Tage, um einige besondere Punkte Cornwalls zu besuchen.

Unter anderem führt uns unsere Reise an einen der ungewöhnlichsten Strände. Tausende

◂ Ein einsamer Strand bei Sonnenuntergang.

▲ Porth Nanven und der »Dinosaur Egg Beach«.

ovale Steinbrocken von der Größe eines Hühnereis bis zu einer Länge von über einem Meter liegen verstreut entlang der Küstenlinie des Porth Nanven Beach, was diesem Ort auch den Spitznamen »Dinosaur Egg Beach« (Dinosaurier-Eier-Strand) eingebracht hat. Ich habe großes Glück und erlebe hier einen der wenigen perfekten Sonnenuntergänge während unserer Zeit in Cornwall und damit auch ein fotografisches Highlight.

Die kleine, 11 000 Einwohner zählende Stadt St. Ives empfängt uns mit ihrer pittoresken Lage, die einer Postkartenansicht entsprungen zu sein scheint. Auf eine kleine Landzunge hinaus gebaut liegt die Altstadt, eingerahmt von den sandigen Porthmeor und Porthminster Beach und dem Hafen, in dem gerade, bei Ebbe, die kleinen Boote und farbigen Bojen auf einem Teppich von Sand und Algen liegen. Gebäude aus grauen Steinquadern wechseln sich mit weißgetünchten Häusern ab, die Dächer glänzen orangegolden im Sonnenlicht. Dahinter die azurblaue endlose Weite der Keltischen See.

Anfang des 20. Jahrhunderts entwickelte sich St. Ives zur Künstlerkolonie, und bis heute zählt diese Stadt zu den wichtigsten künstlerischen Zentren Großbritanniens. Unzählige Galerien und Werkstätten säumen die Straßen und Gassen. Die große Bedeutung der ansässigen Künstlerszene unterstreicht schließlich seit 1993 die Eröffnung eines Ablegers der renommierten Londoner Tate Gallery eindrucksvoll.

In dem Küstenabschnitt nördlich von St. Ives treffen wir dann nicht nur auf einige der schönsten Strände Englands, sondern auch auf ein Mekka der Surf-Kultur. An vielen Stränden rund um die Zentren Newquay und Padstow stürzen sich Männer, Frauen und Kinder in Neoprenanzügen auf ihren Surfbrettern wagemutig in die heranrollenden Brecher. Die Wetterfestigkeit der Briten ist für mich immer schon ein Mysterium gewesen.

Barfuß stehe ich mit Tristan am Strand in den Ausläufern der Wellen und ertappe mich wieder mal bei dem Gedanken, dass die Wassertemperaturen um diese Jahreszeit noch einige Grad zu kalt für meinen Geschmack sind. In einem geistigen Nachsatz ergänze ich, dass sich dieser Umstand wohl nicht einmal im Spätsommer ändern würde. Tristan lacht mich an, und auch er zieht etwas fröstelnd die Schultern nach oben. Durch den goldgelben Sand stapfen wir zurück zu unserem kleinen Strandzelt, wo Valerian gerade damit beschäftigt ist, ein T1-Bulli-Modellauto durch den Sand zu schieben.

Wenngleich einige Grad kühler, erinnert mich vieles hier an unsere erste Reise und die Fahrt entlang der Westküste Portugals. Die Surfer-Hochburgen sind natürlich ebenfalls ein Treffpunkt für Bullis in allen Farben, Variationen und Formen. Auch wenn wir nicht Teil dieser eingeschworenen Surfer-Szene sind, ist man doch irgendwie »unter sich«. Papa-Bus ist zur Abwechslung wieder einmal einer von vielen, es ergeben sich nette Begegnungen, Gespräche und Fotomotive.

Nach ein paar wechselhaften Tagen lässt sich das Herannahen der nächsten Schlechtwetterfront in den Vorhersagen nicht übersehen. Wir haben das Beste aus unserem Aufenthalt in Cornwall gemacht und wollen das bisschen Wetterglück nicht überstrapazieren. Darum beschließen wir, die Flucht nach vorn anzutreten und so rasch wie möglich nach Irland zu fahren. Über Bristol und den Süden von Wales erreichen wir in strömendem Regen den Hafen von Pembroke und nehmen dort die Fähre nach Rosslare im Süden Irlands.

◂ ▾ In den Straßen und am Strand des kleinen Örtchens St. Ives.

Praxistipp

MIT KINDERN UNTERWEGS

Wir haben unser Abenteuer von Gibraltar ans Nordkap immer als Reise für die ganze Familie geplant. Mit anderen Worten sind die Kinder – bei der ersten Reise Tristan als Baby, bei der zweiten Reise dann beide Kinder – integraler Bestandteil der Reise. Wir beginnen unseren langen Weg ohne jegliche Erfahrung mit dem Themenkomplex »Reisen mit Kindern«. Unser einziges Grundprinzip ist, dass die Bedürfnisse der Kinder an erster Stelle stehen. Basierend darauf können wir unsere Erfahrungen der beiden Reisen mit Kindern im Alter von vier Monaten bis dreieinhalb Jahren folgendermaßen zusammenfassen:

Kindgerecht reisen

- Wenig lange Strecken am Stück fahren
- Wenn lange Strecken, dann mit vielen kurzen Unterbrechungen
- Reise so planen, dass nicht jeden Tag eine längere Strecke gefahren werden muss; besser bewährt hat sich ein Rhythmus, bei dem wir eine lange Strecke fahren, dann aber wieder einige Tage nur einen kleinen Radius erkunden.
- Bei langen Fahrten haben uns die Klassiker, die wir noch aus unserer eigenen Kindheit kennen, gute Dienste geleistet: »Ich seh', ich seh', was du nicht siehst«, Autos zählen, Automarken erkennen, Autofarben erkennen und zählen etc.
- Längere Strecken zu den Schlafenszeiten der Kinder fahren (nach dem Stillen, während des Mittagsschlafs, nachts ...)
- Generell viele Pausen einplanen – auch bei Tagesausflügen und -fahrten
- Immer wieder kleine Aktivitäten integrieren: Zwanzig Minuten am Strand, in einem Wald oder am Spielplatz zu verbringen, kann Wunder wirken und erleichtert die Weiterfahrt.
- Flexibel sein: Abläufe und auch Reisepläne ändern, wenn wir erkennen, dass etwas nicht funktioniert; auf keinen Fall Pläne »durchdrücken«
- Eigene Interessen hintanstellen und Aktivitäten planen, die dem Alter und den Interessen der Kinder entsprechen; wenn möglich, sich kurzzeitig trennen, ein Partner unternimmt etwas mit den Kindern, während der andere ein Museum besuchen, fotografieren oder shoppen gehen kann etc.

Tipps bei schlechtem Wetter

- Generell ist es wichtig, dass Kinder irgendeine Beschäftigung haben, sonst ist »Lagerkoller« programmiert.
- Spielcafés oder Indoor-Spieleparks aufsuchen
- Hallenbäder besuchen
- Tablet oder Notebook mitnehmen, Kinderserien und -filme auf das Gerät kopieren, damit diese auch offline, ohne Internetverbindung, abgespielt werden können (aber Achtung: Datenroaming im Ausland!)
- Lieblingsspielzeuge, Karten- und Brettspiele, Malsachen etc. mitnehmen
- Feuerwehrstationen besuchen; Tristan liebt Feuerwehrmänner, meistens gibt es etwas zu sehen und für viele diensthabende Feuerwehrmänner ist ein kurzer Kinderbesuch eine willkommene Abwechslung.
- Das Wichtigste: wetterfeste Kleidung und Gummistiefel einpacken, damit man auch bei schlechtem Wetter ins Freie kann; Muscheln suchen und buddeln kann man am Strand auch wunderbar bei Regen.

// JULI // 1700 KILOMETER // 15 TAGE

IRLAND

Wildromantische grüne Küsten und ein kaputter Bulli

◂ Ein typisches Bild von Irland bietet sich auf der Dingle-Halbinsel: Schafe, wilde Küsten und grüne Wiesen.

Angesichts der schlechten Wetterbedingungen haben wir schon in Cornwall den Entschluss gefasst, eine Alternative zum Camping zu suchen, die wir jetzt in Irland in die Tat umsetzen. Anonyme Hotels wollen wir vermeiden, das entspricht weder unseren Vorstellungen noch passt es zur Philosophie unserer Reise, ganz abgesehen davon, dass diese Form der Übernachtung unsere Reisekasse in kürzester Zeit aufgebraucht hätte. Wir suchen nach Privatvermietern, die ihre Häuser und Wohnungen, oder Teile davon, temporär für Gäste zur Verfügung stellen. Und hier auch keine speziell zum Vermieten gebauten und eingerichteten, sondern selbst bewohnte, authentische Unterkünfte.

Diese Entscheidung erweist sich als goldrichtig, und wir bereichern unsere Reise damit ungeplant um einige wunderbare Erfahrungen. Wir lernen so nicht nur die Länder, Sehenswürdigkeiten und Landschaften kennen, sondern kommen auch mit Menschen in engeren Kontakt. Es ergeben sich viele anregende Gespräche, und wir können unsere Reise auch durch eine Reihe von Insidertipps und lokales Wissen ergänzen. Vor allem aber kommen wir in angenehmen und teilweise sehr ungewöhnlichen Locations unter, die wir sonst nie gesehen hätten.

Trotz der kurzen Zeit, die wir jeweils an einem Ort verbringen, vertiefen und verändern diese ganz besonderen Erlebnisse unsere Sicht auf das Land. Manchmal scheint es sogar ein wenig surreal – wie geborgtes Leben. Am Morgen verlasse

▾ Tristan in St. Finian's Bay. Freut er sich schon auf den Besuch der nahegelegenen Skelligs Chocolate Factory?

▴▴ Grün, weiß, orange: unser Versuch, die irische Flagge nachzubilden.
▴ Irische Gastfreundschaft: Aufenthalt bei Helena in Cahersiveen.
▸ Die imposanten Kerry Cliffs auf der Iveragh-Halbinsel.

ich mit den Kindern das Haus, führe noch eine kurze Unterhaltung mit dem Nachbarn, und wir spazieren zum Bäcker ums Eck. Als wir mit den Einkäufen »nach Hause« kommen, formt sich der Begriff »Einheimischer auf Zeit« in meinen Gedanken.

Unser erstes Ziel in Irland ist die kleine Stadt Cahersiveen im Südwesten der Insel. Hier kommen wir bei Helena, einer etwas älteren Dame, unter, verbringen einige Tage in einem Teil ihres Hauses, und es fühlt sich fast wie ein Familienbesuch an. Tristan und Valerian sind sofort ins Herz geschlossen und dürfen nach Lust und Laune herumtollen. Das Angebot, wir beide mögen doch gern einmal in Ruhe in der Stadt bummeln gehen, während sie auf die Kinder aufpasst, lässt nicht lange auf sich warten und eröffnet Einblick in Helenas irisches Mutter- und Großmutterherz.

Für mich persönlich ist es tatsächlich ein wenig wie nach Hause kommen. Ich fühle mich sofort in meine Jugend versetzt, als ich während meines Studiums für ein Jahr in Irland gelebt habe. So viele Dinge scheinen unverändert und wecken Erinnerungen: die kleinen Wohnsiedlungen, die Häuser und deren altmodische, kitschige Einrichtung, die farbigen Fassaden entlang der Hauptstraße, der unvergleichliche irische Akzent der Menschen. Über zwanzig Jahre ist es her, seit ich das letzte Mal meinen Fuß auf die grüne Insel gesetzt habe. Natürlich sind viele Dinge auch anders geworden, moderner, weniger verschlafen und altmodisch. Irland ist ganz eindeutig im 21. Jahrhundert und auf europäischem Standard angekommen. Eine ganz natürliche und keineswegs schlechte Entwicklung, nur muss ich mich erst ein wenig daran gewöhnen und mein vielleicht auch über die Jahre verklärtes Bild von Irland zurechtrücken.

Der kleine Ort Cahersiveen liegt in der Grafschaft Kerry, das erste Ziel unserer Reise entlang der wilden Atlantikküste Irlands. Kerry ist dominiert von den beiden Halbinseln Dingle und Iveragh, wobei Letztere auch unter dem Namen Ring of Kerry bekannt ist. Eine Bezeichnung, die korrekterweise aber nur auf die 175 Kilometer lange Straße zutrifft, die rund um die Halbinsel führt. Schon seit dem 18. Jahrhundert war Kerry die Erfüllung der verklärten Träume vieler Irlandreisender, und dies hat sich bis heute nicht geändert. Die wildromantische Landschaft aus Bergen, Seen und wilden Küsten macht diese Region zu einem Tourismus-Hotspot. Trotz der vielen Besucher ist es aber immer noch ein sehr schöner Fleck Irland. Meidet man die Hauptsaison, die Ringstraße und die offensichtlichen Touristenzentren wie Killarney, ist es erstaunlich, wie viel einsame und unberührte Natur man hier noch genießen kann.

Die Wildheit der Landschaft zeigt sich eindrucksvoll an den zerklüfteten Kerry Cliffs, über 300 Meter hohen Steilklippen, an deren Fuß sich das dunkelblaue Wasser des Atlantiks in

brodelnde, weiße Gischt verwandelt. Der Wind ist so stark, dass Stehenbleiben zu einem Kraftakt wird. Die Wolken rasen über den Himmel, und in den schnell wechselnden Lichtstimmungen schimmern die wild gezackten Klippen in einem stahlgrauen Farbton. Wie lange Bänder ziehen sich abwechselnd dunkle und helle Gesteinsschichten horizontal durch die Felsen, auf Felsvorsprüngen setzen Polster von grüner Vegetation farbliche Akzente, und von der Spitze des Felswalls fallen saftige Wiesen ins Hinterland ab.

Weit draußen vor der Küste können wir wild gezackte Felsinseln erkennen, die wie Zähne eines gigantischen Urzeitmonsters aus dem Ozean emporragen. Eine davon ist Little Skellig, die andere Skellig Michael, berühmt für das am schwierigsten zugängliche mittelalterliche Kloster Irlands, gegründet im 7. Jahrhundert nach Christus. Über 500 Jahre lang lebten Mönche hier in kleinen Bienenkorbhütten hoch über der Brandung. Zweifelhafte zusätzliche Berühmtheit und den damit verbundenen schädigenden Einfluss von Besucherströmen erlangten die Skelligs in jüngster Zeit durch die Dreharbeiten einiger Schlüsselszenen der aktuellen Star-Wars-Trilogie.

Über abenteuerliche Steilkurven manövriere ich den Bulli auf engen Straßen, die oftmals nur die Breite eines Fahrzeugs haben, durch die Landschaft – mit der steten Hoffnung, dass mir kein anderes Auto entgegenkommt. Wir sind am Skellig Ring unterwegs, einer einsamen Ringstraße am westlichsten Ausläufer der Iveragh-Halbinsel. Nach einer gefühlten Ewigkeit erreichen wir die Bucht von St. Finian, wunderschön gelegen in einem halbmondförmigen Meereseinschnitt.

▾ Traumhafte Stimmungen ergeben sich entlang der Sky Road bei Clifden.

▸ Farbenfrohe Häuserfronten in der kleinen Stadt Dingle.

Wellen brechen sich an dunkelgrauen Felsformationen, auf denen grellgrüne Algenpolster im Sonnenschein schillern. Etwas weiter zurückversetzt liegt ein sichelförmiger Strand aus hellem, feinkörnigem Sand. Vermutlich der ungewöhnlichste und abgelegenste Ort für eine Schokoladenfabrik. Und doch steht sie hier – die Skelligs Chocolate Factory, seit über zwanzig Jahren erste Adresse für handgemachte Köstlichkeiten. Leuchtende Kinderaugen verbieten eine Weiterfahrt. Wir kehren im Café ein und genießen eine der besten heißen Schokoladen der gesamten Reise.

> »An diesem Ort fragt man sich, warum noch irgendwer in Dublin bleibt, in London oder Paris, wenn es doch besser wäre, so würde man meinen, hier mit diesem großartigen Ozean und Himmel in einem Zelt oder einer Hütte zu leben und die wunderbare Luft zu atmen, die sich wie Wein im Mund anfühlt.«
> (John M. Synge: In Wicklow and West Kerry. Zuerst veröffentlicht 1912)

So beschreibt John Millington Synge, ein Dramatiker und wichtige Figur der sogenannten irischen Renaissance um die Wende zum 20. Jahrhundert, eine Wanderung zum Sybil Head. Seine Eindrücke erweisen sich auch über hundert Jahre nach seinem Tod als genauso zeitlos wie die Urtümlichkeit und Einsamkeit der Landschaft auf der Halbinsel Dingle am nördlichen Ende der Grafschaft Kerry. Einzig die kleine Stadt Dingle mit ihren in allen Farben des Regenbogens bemalten Häuserfronten, Cafés, Eisdielen und Souvenirläden scheint in der Gegenwart angekommen.

Zwischen Castlemaine und Tralee stößt die Dingle-Halbinsel wie eine Speerspitze in die Wellen des Atlantiks nach Westen vor, fünfzig Kilometer lang und dominiert von dem L-förmigen Gebirgszug des Mount Brandon und seiner Nebengipfel, der das Rückgrat der Halbinsel bildet. Der Mount Brandon ist neben den Macgillycuddy's Reeks auf der Iveragh-Halbinsel der höchste Berg Irlands.

Über die dramatische und verwinkelte Küstenstraße am Slea Head schlängeln wir uns am Rand der Klippen entlang, die nur wenige Meter neben uns steil zum Meer abfallen. Der Blick hinaus zum Sybil Head präsentiert uns schließlich das archetypische Panorama der Westküste Irlands: sandige Buchten und zerklüftete Meereseinschnitte, an deren schroffen Felsen sich das azurblaue Meer in weiße Gischt verwandelt, dahinter ein grüner Grasteppich, schachbrettartig durchzogen von steinumfassten Feldern. Neben einer Herde grasender Schafe steht der orange-weiße Bulli als kleiner Farbklecks in der Landschaft.

Der Weg führt uns weiter über Tralee, Limerick und Galway in Richtung Clifden, einer kleinen Stadt im Herzen von Connemara. Diese Region, seit jeher dünn besiedelt, ist durch den langgezogenen, sichelförmigen See Lough Corrib vom Rest des Landes abgeschnitten, das Landesinnere dominiert von zwei großen Gebirgszügen. Die geografisch bedingte Isolation hat sicherlich dazu beigetragen, dass sich in diesem Landesteil bis heute ländliche Traditionen, aber auch die irische Sprache, eine gälische Sprache mit keltischen Wurzeln, stärker als in anderen Gebieten erhalten haben. Connemara ist Teil der größten Gaeltacht des Landes, eine Bezeichnung, unter der Regionen zusammengefasst werden, in denen das Irische noch überwiegend als Umgangssprache lebendig ist. Der Westen Irlands ist auch nach wie vor die Hochburg traditioneller Musik, und wenn man an Wochenenden gegen Abend durch das wunderschön gelegene Clifden spaziert, dringt aus den Pubs neben einem fröhlichen Stimmengewirr auch der unverkennbare Klang irischer Folk-Musik. Eine Musiksession im Pub, begleitet von dem ein oder anderen Pint Guinness, ist für mich nach wie vor ein so oft wie möglich zu wiederholendes Pflichtprogramm bei einem Besuch auf der grünen Insel.

Das landschaftliche Juwel der Region ist die Küste, ein Labyrinth aus kleinen Inseln, weißen Sandstränden, kurvenreichen Straßen, Mooren und Hügeln, in denen es schwierig ist, Seen und kleine Meereseinschnitte voneinander zu unterscheiden. Ganz besonders dramatisch in Szene

▸ In sanftes Abendlicht getaucht: die wilde Küste von Connemara.

setzt sich diese Landschaft, als ich kurz vor Sonnenuntergang die Sky Road westlich von Clifden entlangfahre. Auf einer kleinen Anhöhe parke ich den Bulli, als die Sonne gerade hinter einem Wolkenband verschwindet. In einer beinahe surreal schönen Szene brechen ganz plötzlich Hunderte von kleinen Lichtstrahlen durch die Wolken und beleuchten wie himmlische Scheinwerferkegel kleine Seen, grüne Hügel und vorgelagerte Inseln, die wie Perlen im Licht der untergehenden Sonne glänzen.

Hier an der Sky Road beziehen wir eine der ungewöhnlichsten Unterkünfte unserer Reise. Wir übernachten bei Thomas, der eine alte Küstenwachstation aus dem 19. Jahrhundert in mühevoller Kleinarbeit originalgetreu wiederaufgebaut hat. Die Station wurde 1922 während des irischen Bürgerkriegs ein Raub der Flammen, und Thomas

▲ Thomas ist fasziniert von unserem Bulli.
▸ Reisen macht Spaß.
▾ Abendstimmung an der wilden Küste von Connemara.

hat sie gut siebzig Jahre später zu neuem Leben erweckt. Die für den ursprünglichen Zweck strategisch ausgewählte Lage verschafft uns auch heute noch fantastische Aussichten auf die Bucht von Clifden und die vorgelagerte Küstenlinie.

Thomas ist nur einer von unzähligen Menschen während unserer langen Reise, der sofort von unserem Bulli fasziniert ist. Alles wird genauestens inspiziert, das Dach hochgeklappt, der Gaskocher begutachtet und auf dem Ausklappbett Probe gelegen, begleitet von vielen »Wonderful!« in singendem irischem Akzent. Er erzählt mir, dass er sich in jüngere Tage versetzt fühle, als er auch einmal so einen ähnlichen Bus besessen habe. Mit fast schon kindlicher Begeisterung schwingt er sich schließlich auf den Fahrersitz und startet den Motor. Das Leuchten in seinen Augen verrät mir, dass er vermutlich am liebsten selbst gleich auf eine lange Reise gehen würde.

Die wildromantische Landschaft Connemaras ist eng mit der Geschichte des Atlantiks verbunden. Insbesondere zwei Episoden zeigen die große Bedeutung, die der Ozean für das Leben der Menschen in diesen Gebieten schon immer hatte: die Große Hungersnot, die Mitte des 19. Jahrhunderts Irland erschütterte und viele Menschen zur Emigration über den Ozean zwang, und die erstmalige Atlantiküberquerung per Flugzeug, wodurch sich die Verbindungen zur Neuen Welt wenn nicht intensivierten, so doch extrem beschleunigten.

Die Große Hungersnot Mitte des 19. Jahrhunderts war nicht nur eines der einschneidendsten Kapitel der irischen Geschichte, sondern hatte auch weitreichende Auswirkungen auf andere Teile der Welt. Connacht, die nordwestliche der vier historischen Provinzen Irlands, zu der das Gebiet Connemara gehörte, war von der Katastrophe am schlimmsten betroffen. In einem Zeitraum von nur zehn Jahren zwischen 1841 und 1851 reduzierte sich die Bevölkerung von Connacht um fast dreißig Prozent. Über 400 000 Menschen aus dieser Region waren entweder an den Folgen der Hungersnot gestorben oder in alle Welt ausgewandert. Von diesem Schock sollte sich das Land bis ins späte 20. Jahrhundert nicht mehr erholen und verzeichnete weiterhin fallende Bevölkerungszahlen.

Ein paar Kilometer südlich von Clifden stehen wir bei einer kleinen Rundfahrt plötzlich vor einem sehr eigenwilligen Monument. Ein weißgetünchtes Gebilde, das ein wenig so aussieht, als hätte man den unteren Teil von einem Ei abgeschnitten und dieses dann mitten in die Landschaft gestellt. Meine Neugierde ist geweckt. Das Monument integriert sich auf eine ganz besondere Weise in die von Felsen und Mooren dominierte Ebene, wirkt nicht wie ein Fremdkörper, sondern scheint sogar Teil dieser Landschaft zu sein.

Das weiße Beton-Ei markiert einen bedeutenden Meilenstein der transatlantischen Verbindungen. Im Juni 1919 gelang John Alcock und

▾ Die wiederaufgebaute historische Küstenwachstation dient heute als atmosphärisches Feriendomizil.

Historisches

IRISCHER EXODUS IN EINE NEUE WELT

Mitte des 19. Jahrhunderts verbreitet sich aus Nordamerika kommend ein bisher unbekannter kartoffelspezifischer Erreger, der vor allem in Irland verheerende Schäden anrichtet. Die Kartoffelfäulnis vernichtet zwischen 1845 und 1852 landesweit große Teile der Ernten. 72 Prozent der irischen Bevölkerung leben damals von der Landwirtschaft, und dabei insbesondere vom Kartoffelanbau, sodass die Zerstörung der Ernten zur Großen Hungersnot führt. 1841 leben über acht Millionen Menschen in Irland, zehn Jahre später sind es zwei Millionen weniger. Über eine Million Menschen verhungern oder sterben an Krankheiten, die die katastrophalen Lebensbedingungen mit sich bringen. Etwa eine Million Iren verlassen das Land.

▾ Die Skulpturen auf dem Custom House Quay in Dublin erinnern an das Elend der Menschen während der Großen Hungersnot.

Auswanderungsbestrebungen sind damals kein neues Phänomen. Die vorwiegend katholische Bevölkerung Irlands leidet seit dem 16. Jahrhundert unter der Machtübernahme der (protestantischen) Engländer, die teilweise brutal gegen Aufständische vorgehen und Katholiken, aber auch abtrünnige Protestanten stark benachteiligen. Insbesondere der Grundbesitz ist zum Großteil in englischer Hand, und der überwiegende Teil der Bevölkerung lebt unter der Knechtschaft der Grundherren. Auswanderung als einziger Ausweg aus der Armut wird zum kollektiven Verständnis einer gesamten Nation. Seit 1700, als die Aufzeichnungen zur Emigration aus Irland zuverlässiger werden, haben an die zehn Millionen Iren ihre Heimat verlassen.

Die Ärmsten unter ihnen gehen nach England, die anderen verteilen sich in alle Himmelsrichtungen. In den asiatischen Raum, nach Afrika, Neuseeland und vor allem Australien, wo heute dreißig Prozent der Bevölkerung Iren zu ihren Vorfahren zählen. Die meisten jedoch überqueren den Atlantik nach Nordamerika. Wer die Überfahrt auf den sogenannten Sargschiffen unter schlimmsten Bedingungen und Sterblichkeitsraten von dreißig Prozent überlebt, den erwarten in Amerika selten bessere Lebensbedingungen als in Irland. Soziale Ausgrenzung sowie finanzielle und körperliche Ausbeutung sind alltägliche Realität für viele Iren in Amerika.

Trotz aller Widrigkeiten gestalten die irischen Einwanderer die Zukunft Amerikas mit. Sie kämpfen im Unabhängigkeitskrieg gegen England, neun der 56 Unterschriften auf der amerikanischen Unabhängigkeitserklärung stammen von irischen Händen. 21 der bisher 45 US-Präsidenten haben irische Eltern, Großeltern oder entferntere irische Wurzeln.

Die an harte körperliche Arbeit gewöhnten Iren spielen auch eine zentrale Rolle in der Besiedlung des amerikanischen Westens. Viele von ihnen erschließen über den Bau der Eisenbahnen die Bewegung westwärts, einige folgen dem Ruf des Goldes, andere besiedeln die neu gewonnenen Territorien. Zehn Prozent der heutigen US-Bevölkerung, nicht weniger als 34 Millionen Menschen, haben irische Vorfahren. Viele Iren emigrieren nach Südamerika, was auch erklärt, warum der weltberühmte Revolutionär Che Guevara eine irische Großmutter hatte.

▸ Ein während der Hungersnot verlassenes Haus in den Bergen nahe Donegal.
▾ Irische Einwanderer, die 1855 in New York an Land gehen.

Arthur Brown der erste Nonstop-Flug über den Atlantik von St. John's in Neufundland nach Irland. Die beiden Piloten schrieben damit Luftfahrtgeschichte. Die grüne Wiese, die aus der Luft wie eine perfekte Landepiste aussah, entpuppte sich allerdings als Sumpf, und der Rekordflug endete mit einer Bruchlandung im torfigen Schlamm. Zum Glück gab es keine Verletzten, und die Piloten konnte eine erfolgreiche Mission bekanntgeben. Der Mut und das Draufgängertum, die notwendig waren, um den Atlantik in einem offenen, zerbrechlichen Doppeldecker zu überfliegen, ist heute im Zeitalter alltäglichen Flugverkehrs kaum noch vorstellbar. Wenig hat sich an der Landschaft verändert seit Alcock und Brown hier vor knapp einem Jahrhundert in den Sumpf stürzten, und die beiden Piloten hätten vermutlich keine Probleme, die Stelle wiederzufinden. Die Bruchlandung war natürlich nicht vorgesehen, ihr Ziel in der Einöde Westirlands allerdings kein Zufall.

Nicht weit entfernt von der Landestelle findet man heute noch die Ruinen der Marconi-Funkstation, ebenfalls eine bedeutende Errungenschaft für die transatlantischen Verbindungen. Der Italiener Guglielmo Marconi (1874 bis 1937) war ein Pionier auf dem Gebiet der Radioübertragung. Für seine praktischen Arbeiten im Bereich der Funktelegrafie erhielt er gemeinsam mit Ferdinand Braun den Nobelpreis für Physik. Um die Jahrhundertwende gelang Marconi die erste transatlantische Funkübertragung über eine Distanz von 3800 Kilometern. 1907 baute er hier in der Nähe von Clifden eine weitere Funkstation und gründete den weltweit ersten drahtlosen transatlantischen Telegrafendienst für die Öffentlichkeit.

Eines Nachmittags sitze ich genau an dem Strand in der Nähe von Roundstone, wo ich schon einmal vor über zwanzig Jahren während einer Reise per Anhalter durch Irland gesessen habe. Tristan buddelt vergnügt im Sand, während Katrin Valerian in unserem kleinen, blauen Wurfzelt stillt. Bald schon ist die Halbzeit unserer Reise gekommen, und ich habe die Gelegenheit, eine gedankliche Zwischenbilanz zu ziehen. Drei Jahre zuvor waren wir noch zu dritt unterwegs, die Dynamik mit zwei Kindern ist jetzt eine ganz andere, zum Großteil noch viel schöner, manchmal aber auch sehr herausfordernd. Das, was wir uns im Vorfeld der Reise als idealen Zustand ausgemalt haben – sehr viel Zeit gemeinsam zu verbringen, viel unterwegs zu sein und zu erleben –, erweist sich nicht immer als so einfach. Die etwas verklärten Vorstellungen weichen an manchen Tagen der Reiserealität. Valerian ist mit sechs Monaten sein unproblematisches und fröhliches Selbst, für ihn ist es so, wie es während der ersten Reise für seinen Bruder war. Tristan ist diesmal schon dreieinhalb Jahre alt und hat Bedürfnisse, die sich manchmal nur schwer mit dem Unterwegssein vereinbaren lassen. Die Bedürfnisse der Kinder in den Vordergrund zu rücken, ist nicht immer einfach. Hinzu kommt noch eine Umstellung, die ich in dieser Form nicht erwartet hatte: Zu Hause war ich aus beruflichen Gründen häufig nicht

▾ Monument an der Stelle, an der John Alcock und Arthur Brown nach ihrem Nonstop-Atlantikflug im Juni 1919 in Irland landeten.

◂ Ruderboote an einem See in Connemara.
▾ Kindliche Fantasie: »Schau Papa, die Schafe …«

präsent, nun sind wir plötzlich 24 Stunden auf engstem Raum zusammen. Für Tristan bedeutet das eine große Umstellung, und es gibt oftmals Reibungspunkte zwischen uns, was mich belastet. Zudem verlangt die Reise mir ein Spagat ab: Familienleben einerseits, Fotografie, Reiseplanung und Überlegungen zur Produktion einer Reportage andererseits – eine Kombination, die nicht immer ideal für das Familienleben ist.

Auf der anderen Seite vergeht kaum ein Tag, an dem wir nicht daran erinnert werden, warum es so wunderbar ist, mit den Kindern zu reisen. Eines Nachmittags parken wir den Bulli auf einer Anhöhe über einem Meereseinschnitt. Ich schaue in die Landschaft hinaus, als ich Tristan ganz aufgeregt hinter mir rufen höre. »Papa, Papa, schau die Schafe!« Ich drehe mich zu ihm um und denke mir nur, wo sieht er denn da Schafe? Aber dann wird mir plötzlich klar, was er meint: Etwa hundert Meter vom Ufer entfernt liegen Reihen von schwarzen und weißen Schwimmkörpern im Meer, die die Fischer dort ausgelegt haben und die aus der Distanz ganz genauso wie Schafe aussehen – was wiederum ein gewohntes Bild auf den grünen Hügeln Irlands ist. Eine Unvoreingenommenheit und kreative Weltsicht, wie sie wohl nur Kinder haben.

Über Westport und Sligo führt uns der Weg weiter nach Donegal, die nördlichste Grafschaft der Republik Irland und schließlich über die Grenze nach Nordirland. Die Landschaft wird immer wilder und menschenleerer. Eine spektakuläre, über 300 Kilometer lange Küstenlinie findet ihren dramatischen Höhepunkt in den beeindruckenden Klippen von Slieve League, mit über 600 Metern Höhe unter den höchsten Meeresklippen Europas.

Eine endlos scheinende, schmale und bucklige Straße führt über Bergflanken und Hochmoore zum Bunglass Point mit einem eindrucksvollen Panorama der Slieve League. Die wahre Größe dieser Klippen ist nur schwer fassbar, eine riesige Wand erhebt sich aus den grünblauen Fluten des Ozeans und verschwindet viele Hundert Meter höher in den tief hängenden Wolken. Die Szenerie, die sich hier vor mir ausbreitet, erinnert eher an ein Gebirgsmassiv als an Klippen, und ich bin vermutlich nicht der Erste,

▲ Der Bulli auf historischen Spuren vor dem Ballycarbery Castle.

der diesen Eindruck hat – der irische Name Sliabh Liag bedeutet wörtlich übersetzt Steinberg.

Nach einigen Tagen in der wilden Landschaft Donegals neigt sich unsere Zeit in der Republik Irland dem Ende zu, und wir brechen auf nach Nordosten in Richtung nordirischer Grenze. Auf dem Weg dorthin liegen noch zwei Reiseziele: der Steinkreis von Beltany und die St. Aengus' Church in Burt.

Ungefähr drei Kilometer südlich der kleinen Stadt Raphoe liegt der Beltany Stone Circle, der zu den besterhaltenen und beeindruckendsten Steinkreisen Irlands zählt. Zwischen 3000 und 5000 Jahre alt – die wissenschaftlichen Meinungen gehen hier auseinander –, könnte es sich hier entweder um die Überreste eines steinzeitlichen Hügelgrabs handeln oder um einen Steinkreis aus der Bronzezeit. Die archäologische Unsicherheit tut der Magie dieses Ortes keinen Abbruch. 64 Steine stehen in einem fast perfekten Kreis von 44 Metern Durchmesser. Der Name Beltany weist eine starke Ähnlichkeit mit dem Wort Beltaine auf, dem keltischen Fest des Sommeranfangs, und legt den Schluss nahe, dass dieser Ort über viele Jahrhunderte Schauplatz ritueller Handlungen war.

Ich spaziere an den Steinen entlang und bin am Fotografieren, als ich ganz plötzlich ein Bild vor mir sehe, das mich innehalten lässt. Unsere beiden Jungs sitzen auf einem der Steine, der Große hat seine Arme um den Kleinen geschlungen und hält ihn fest, sie lachen und der Wind zerzaust Tristans Haare. Die Grenzen von Raum und Zeit scheinen mir für einen Wimpernschlag durchlässig, die Essenz des Menschseins und der ewige Kreislauf des Lebens in einen perfekten Moment destilliert. Zwei Kinder, deren Leben erst begonnen hat, auf einem steinernen Zeugnis der Menschheitsgeschichte, dessen Erbauer schon vor Tausenden von Jahren ihren Lebenszyklus durchschritten haben. In diesem flüchtigen Augenblick geht mir der Gedanke durch den Kopf, was die Erbauer dieses Monuments wohl darüber denken würden, dass Tristan und Valerian viele Tausend Jahre später auf einem der Steine sitzen. Vor meinem geistigen Auge sehe ich eine bronzezeitliche Familie mit einem Lächeln auf ihren Gesichtern am Rande des Steinkreises stehen.

Die letzte Station unserer Reise durch die Republik Irland ist Burt, eine kleine Stadt am Anfang der Inishowen-Halbinsel. Hier steht ein ganz besonderes architektonisches Highlight, die St.-Aengus-Kirche, in den 1960er-Jahren entworfen von Liam McCormick, einem der bedeutendsten zeitgenössischen irischen Architekten, der selbst aus dieser Region stammt.

Die Kirche ist in mehrerlei Hinsicht außergewöhnlich. Das Gebäude ist rund und aus unverputzten Steinen gemauert mit einem auffälligen, geschwungenen Kupferdach, das in einer kegelförmigen, teilweise verglasten Spitze zusammenläuft. Die runde Form bestimmt auch den weiß gehaltenen Innenraum der Kirche, die Sitzreihen sind bogenförmig angeordnet und ein horizontales Band von Buntglasfenstern zieht sich unter der Decke entlang. Durch eine trichterförmige Öffnung im Dach fällt Sonnenlicht direkt auf den Altar. Ein architektonisches Element, das bereits vor Tausenden von Jahren in kultischen Bauwerken verwendet wurde. Allen voran in neolithischen Ganggräbern und bronzezeitlichen Bauten.

Dieser Bezug ist nicht zufällig. Das Design der Kirche imitiert das steinerne Ringfort Grianán

▾ Der ewige Kreislauf des Lebens: Tristan und Valerian am jahrtausendealten Steinkreis von Beltany.

▲▲ Die St.-Aengus-Kirche wurde in den 1960er-Jahren von Liam McCormick entworfen.
▲ Das restaurierte Ringfort Grianán von Aileach diente dem Erbauer der St.-Aengus-Kirche als Inspiration.
▸ Slieve League zählt mit über 600 Metern Höhe zu den höchsten Meeresklippen Europas.

von Aileach, das in der Nähe auf einem Hügel oberhalb der Ortschaft Burt liegt. Dieser besondere Ort mit seiner imposanten Aussicht war seit dem Neolithikum von großer Bedeutung für die Menschen in dieser Region. Tausende von Jahren nutzten Menschen diesen Ort, bis schließlich im 6. Jahrhundert nach Christus das heute restaurierte steinerne Ringfort anstelle eines älteren bronzezeitlichen Hügelforts errichtet wurde.

Als ich auf der Spitze einer der Steinmauern stehe, glaube ich zu verstehen, warum dieser Ort so lange eine so große Bedeutung hatte. Es ist fast so, als ob man am Gipfel der Welt stehen würde, das 360-Grad-Panorama der umliegenden Landschaft ist atemberaubend. An einem schönen Tag kann man nach allen Seiten kilometerweit in die Ferne blicken.

Etwa eine halbe Stunde später gehen wir zum Parkplatz zurück, alle steigen in den Bulli ein, ich drehe den Zündschlüssel um, und ein längst besiegt geglaubter Dämon unserer Reise ist zurück. Ein gequälter Startversuch, der Knall einer Fehlzündung und dann nichts. Der Bus lässt sich nicht mehr starten, ohne Vorwarnung und ohne ersichtlichen Grund, denn seit dem Start der zweiten Reise war der Motor ohne Probleme gelaufen. In diesem Moment hätte ich mich am liebsten zusammengekauert und geweint – wie eng Glück und Verzagen doch oftmals zusammenliegen ... Es ist mein Geburtstag. Heute Morgen noch haben mich Katrin und die Kinder mit Kuchen, Kerzen und einem Geburtstagslied überrascht, jetzt stehen wir hier im Niemandsland. Nachdem ich den ersten Schock überwunden habe, erinnere ich mich an ein paar Erste-Hilfe-Tricks von unserer letzten Reise, und es gelingt mir, den Bulli irgendwie zu starten – nur der Motor klingt furchtbar. Jetzt hilft nur die Flucht nach vorn, denn für den nächsten Tag haben wir die Fähre nach Schottland gebucht!

Mit Müh und Not erreichen wir ein paar Stunden später tatsächlich unsere Unterkunft für die Nacht. Allerdings ist hier vorläufig Endstation. Der Bus lässt sich nicht mehr starten, und der nächste größere Ort mit einer Werkstatt ist kilometerweit entfernt. Zu allem Überfluss ist morgen auch noch Orangemen's Day, einer der größten Feiertage in Nordirland. Kurzum, wir sitzen hier erstmal fest und haben unsere Fähre verpasst. Der Vermieter unserer Unterkunft bietet mir an, morgen einen Freund zu kontaktieren, der Automechaniker sei und uns vielleicht helfen könne. Er erreicht ihn allerdings erst um die Mittagszeit. Völlig verkatert von den Festivitäten des Vortags, gelingt es ihm dennoch, den Bulli notdürftig zum Laufen zu bringen. Er ergänzt allerdings, dass das nur eine Überbrückung sei und wir unbedingt zu einer Werkstatt fahren müssten. Meine Hoffnung ist, dass wir es zumindest bis nach Larne, zur Fähre nach Schottland, schaffen.

Als ich nach ungefähr zwei Stunden Fahrt die erlösende Ortstafel von Larne sehe, ist ein kleiner Etappensieg geglückt. Allerdings muss ich den

▾ Und jetzt nur noch diese eine Schraube festdrehen …

▴▴ Ein wahrer Freund und Helfer: ein Polizist in Nordirland.
▴ Unser Bulli streikt mal wieder, doch Hilfe ist nie weit entfernt.
▸ Der weltberühmte Giant's Causeway in Nordirland.

Bulli an einer Tankstelle im Hafen abstellen – es geht nichts mehr. Gerade in dem Moment biegt ein Polizeiauto um die Ecke und bleibt stehen. Einer der Polizisten steigt aus und fragt uns, ob wir Probleme hätten. Ich erkläre ihm die Situation, und er meint, dass wir wohl Glück im Unglück hätten. Der Parkplatz hier sei ziemlich sicher und genau gegenüber ein recht gutes Hotel. Dort sollten wir am besten auch gleich einchecken, denn heute sei Feiertag, alles geschlossen und auch den Rest der Woche könnten wir Probleme haben, eine geöffnete Werkstatt zu finden – viele Menschen würden sich ein langes Wochenende nehmen. Meine Hoffnungen, bald nach Schottland zu kommen, schwinden zusehends. Zum Abschied sagt der Polizist noch, dass sie heute Nacht ein paar Mal auf Streife hier vorbeifahren würden, um sicherzustellen, dass unserem Bulli nichts passiert. Und wenn wir irgendwelche Probleme hätten, müssten wir nur zur Polizeistation kommen, er hätte Nachtdienst und würde uns jederzeit helfen.

Die Hilfsbereitschaft der Menschen, egal in welchem Land wir unterwegs waren, ist ein sehr schöner Aspekt dieser Reise. So auch in diesem

Fall. Am nächsten Morgen rufe ich eine Werkstatt nach der anderen an, und tatsächlich, keine hat geöffnet. Die Rezeptionistin im Hotel weiß aber eine Lösung – wie es der Zufall will, ist ihr Mann Automechaniker. Obwohl er heute frei hat, sagt er sofort zu, sich den Bulli anzuschauen. Ein paar Stunden später lässt sich der Bus wieder starten, auch dieser Mechaniker warnt mich aber, dass es nur eine Notlösung sei und dass ich unbedingt so schnell wie möglich einen Spezialisten finden müsse. Für mich wirkt diese Aussage wie ein schreckliches Déjà-vu der ersten Reise. Als er sich verabschiedet, möchte er nicht einmal eine Bezahlung für seine Arbeit haben, und ich muss ihm das Geld praktisch aufzwingen.

Sofort beginne ich mit der Recherche und suche nach VW-Spezialisten in der Umgebung – ohne Erfolg. Dann aber endlich ein kleiner Lichtblick: Zwar finde ich in Nordirland nichts, aber eine Suche in Schottland spuckt einen Namen aus, Solway Campers. Schon der erste Blick auf die Webseite macht mir Hoffnung: Bilder von VW Käfern, T2s und T3s in allen Varianten. Der erste Satz auf der Startseite: »Wir befinden uns nahe der Solway Coast im Süden Schottlands und mit über dreißig Jahren Erfahrung mit allen Arbeiten rund um klassische luftgekühlte Volkswagen sind wir bestens vorbereitet, um auch ihren geliebten VW am Leben zu erhalten!« Mein Herz macht einen Freudensprung! Nur, wo genau ist die Solway Coast? Als ich den Ort auf der Karte finde, kann ich unser Glück kaum fassen: nur 125 Kilometer Luftlinie entfernt vom Fährhafen genau auf unserer Reiseroute. Sofort rufe ich Davie, den Besitzer, an und schildere ihm unser Problem. Er will uns helfen – wir können kommen!

Nachdem die erste Euphorie verflogen ist, kommen Zweifel auf: Nach der Fahrt mit der Fähre von Larne nach Cairnryan eine Entfernung von 120 Kilometern – ob das überhaupt möglich ist bei dem Zustand unseres Bullis?

// JULI // 1400 KILOMETER // 15 TAGE

SCHOTTLANDS INNERE HEBRIDEN

Inselwelten von Islay bis Skye

◂ Am Loch Coruisk auf der Isle of Skye.

Alle Überlegungen und Zweifel sind ohnehin nutzlos – es ist unsere einzige Chance. Also buche ich die Fähre für den nächsten Tag. Mit zittrigen Fingern drehe ich den Zündschlüssel um, der Bulli springt an. Auf die Fähre würden wir es also schaffen, nur das Problem ist, dort muss ich den Motor wieder abstellen – egal, im schlimmsten Fall müssen uns die Arbeiter eben von Deck schieben. Zwei Stunden später laufen wir im Hafen von Cairnryan ein: Wir haben es nach Schottland geschafft! Große Spannung macht sich an Bord des Bullis breit, aber – unglaublich – der Motor enttäuscht uns nicht. Wir haben schon alles so vorbereitet, dass wir nicht mehr anhalten müssen. Die gesamten 120 Kilometer von Cairnryan nach Dalbeattie sende ich Stoßgebete zum Himmel, dass der Bus durchhält. Der Motor klingt katastrophal – ein infernalisches Rasseln und Fehlzündungen begleiten uns den ganzen Weg, aber wir schaffen es bis in unsere Unterkunft.

Am nächsten Morgen können wir in die Werkstatt kommen. Der Motor springt tatsächlich nochmals an und wir fahren noch knapp einen Kilometer bis zur Werkstatt. Dann ist endgültig Schluss, und nicht einmal der VW Spezialist schafft es, trotz all seiner Tricks, den Bulli zu starten. Spätestens das gibt uns Anlass, an ein gewisses Eigenleben von Papa-Bus zu glauben. Es ist fast so, als ob er uns sagen will: »Bis hierher habe ich noch durchgehalten, aber jetzt bin ich endgültig fertig.«

So viel Pech wir mit den technischen Problemen während dieser Reise gehabt haben, so

◂ Motorwechsel in Schottland.
▾ Davie, unser Retter in der Not.

viel Glück haben wir jetzt. Davie ist um die vierzig, Musiker und ehemaliger Punk-Rocker, sein merkbar dünner werdendes Haar immer noch wasserstoffblondiert. Ein verschmitztes Funkeln in seinen Augen sagt mir, dass wir an den richtigen Ort gekommen sind. Davie ist ein absoluter Experte für alte VWs mit über dreißig Jahren Schrauber-Erfahrung und wird sich unseres Bulli annehmen. Er verschwindet in den Untiefen des Motorraums. Allerdings stimmen mich seine Kommentare nicht sehr hoffnungsvoll. Mit jedem »Wow«, »Oh, my God« und »unbelievable« rutscht mir das Herz weiter in die Hose.

Irgendwann kommt Davie dann unter dem Fahrzeug hervor und bringt unsere Misere in breitem schottischem Akzent auf den Punkt: »To be honest, I have absolutely no idea, how you made it this far.« Wie wir es bis hierher geschafft haben? Dass er diese Frage stellt, heißt wohl, dass hier Endstation ist. Sein Nachsatz »Dieser Motor ist tot« trifft mich dann wenigstens nicht mehr ganz unvorbereitet.

Trotzdem sind wir fassungslos, mit allem hätten wir gerechnet, nur damit nicht. In diesem niederschmetternden Moment gibt es aber auch

▾ »To be honest, I have no idea, how you got this far ...«
▸▸ Abendstimmung in Portnahaven auf der Isle of Islay.

einen Lichtblick: Davie hat zufällig einen gerade kürzlich komplett restaurierten Ersatzmotor im Regal stehen, den er uns verkaufen würde.

Noch einmal kann ich diese Reise nicht abbrechen, das übersteigt sogar meine ausgeprägte Leidensfähigkeit, und so bleibt nur der Sprung ins kalte Wasser. Ich bereite mich selbst und mein Bankkonto schon einmal seelisch auf die Ausgaben vor und kaufe den Motor. Mindestens drei Tage braucht Davie für den Einbau und einige zusätzliche Arbeiten. Das Problem: Sein Terminkalender ist zum Bersten voll. Was er dann aber macht, übersteigt meine Erfahrungen mit Hilfsbereitschaft: Er priorisiert unsere Reparatur, verschiebt andere Aufträge nach hinten oder erledigt diese Arbeiten in Nachtschichten. Ich weiß bis heute nicht, ob er in den drei Tagen überhaupt geschlafen hat.

Dann ist der große Moment gekommen. Wir treffen einen müde wirkenden, aber trotzdem stolzen Davie in der Werkstatt. Er übergibt mir den Schlüssel, der Bus springt beim ersten Mal problemlos an und ich begebe mich auf eine kurze Probefahrt. Der Klang des Motors ist einfach herrlich, das Fahrgefühl unvergleichlich, Papa-Bus wirkt um Jahre verjüngt.

Ohne Davie wäre hier wieder alles zu Ende gewesen. Auch er ist begeistert, dass wir unsere Reise fortsetzen können. Ich glaube, er hat uns alle über die letzten Tage in sein großes Herz geschlossen und wird auch für immer ein nicht wegzudenkender Bestandteil unserer Reise bleiben. Mit dem schönen Gefühl, als Fremde gekommen zu sein und als Freunde zu gehen, verabschieden wir uns und machen uns auf den Weg in Richtung Norden. Davie begleitet uns noch in seinem Auto zur nächsten größeren Stadt, um sicherzugehen, dass alles okay ist mit dem Bulli.

Leider gibt es aber auch einen kleinen Wermutstropfen. Die technischen Probleme haben

uns wie schon im ersten Teil der Reise sehr viel Zeit gekostet. Gepaart mit dem Zeitverlust durch das schlechte Wetter in Cornwall und Irland liegen wir in Summe weit hinter unserem Zeitplan zurück. Erschwerend kommt hinzu, dass wir eine einschneidende Änderung unseres ursprünglichen Reiseplans vornehmen müssen. Im Jahr 2014 wurde die letzte Fährverbindung zwischen Großbritannien und Skandinavien eingestellt, einen direkten und schnellen Weg nach Norwegen gibt es damit nicht mehr. Für uns bedeutet das einen gewaltigen Umweg und unsere Reise verlängert sich um mehr als 2000 Kilometer plus zwei längere Überfahrten mit Fähren. Von Schottland müssen wir nach Newcastle, von dort mit der Fähre nach IJmuiden nordwestlich von Amsterdam, über Deutschland und Dänemark nach Hirtshals und schließlich mit der Fähre nach Bergen. Wenn alles nach Plan verläuft, müssen wir in Summe mit gut einer Woche rechnen, um von Schottland nach Norwegen zu kommen.

Uns bleibt keine andere Wahl, als unsere Reisepläne anzupassen und die Zeit in Schottland drastisch zu verkürzen, um nicht zu spät im Jahr in den subarktischen Norden vorzudringen und damit Temperaturen zu riskieren, für die wir nicht ausgerüstet sind.

Wir entscheiden uns in Schottland für eine der vielen traumhaften Inselwelten des Landes. Inseln, die seit Jahrtausenden Wind, Wetter und den Urgewalten des Atlantiks trotzen und sich manchmal unter blauem Himmel und Sonnenschein in Landschaften verwandeln, die man eher in südlichen Gefilden als im Nordwesten Europas vermuten würde. Unsere Reise zu den Inneren Hebriden soll von Islay, Heimat des gleichnamigen rauchigen Whiskys, über Mull und Iona, einst heilige Stätte und Zentrum der Ausbreitung des

Christentums, bis auf die Insel Skye gehen, die sich durch unwirkliche Landschaften auszeichnet, die nicht von dieser Welt zu sein scheinen.

Die Inneren Hebriden erstrecken sich über 250 Kilometer entlang der Westküste Schottlands. Zu der Inselkette werden 44 unbewohnte und 35 bewohnte Inseln gezählt mit einer Gesamtbevölkerung von knapp 20 000 Menschen. Neben den Äußeren Hebriden ist der Archipel auch eine der aktivsten gälisch-sprachigen Regionen des Landes – über ein Fünftel der Bevölkerung spricht hier noch diese alte keltische Sprache.

Nach einer ziemlich stürmischen Überfahrt vom Fährhafen Kennacraig erreichen wir Port Ellen auf der Isle of Islay. Bereits bei der Anfahrt entlang der Küste erkennen wir selbst aus der Distanz Hinweise auf einen der wichtigsten Wirtschaftszweige der Insel: die typischen Pagodendächer der Whiskybrennereien. In nur drei Kilometern Entfernung fädeln sich hier drei der bekanntesten Destillerien Schottlands hintereinander auf – Ardbeg, Lagavulin und Laphroaig. Insgesamt acht produzierende Brennereien befinden sich auf der nur 620 Quadratmeter großen Insel, eine ähnliche Dichte kann sonst nur die Speyside im Nordosten Schottlands aufweisen.

▲▲ Iona Abbey – Zentrum der Ausbreitung des Christentums im 6. Jahrhundert n. Chr.
◂ Stimmungsvolle Momente auf der Isle of Mullerrat.

◂ Die Insel Iona vor der Küste der Isle of Mull.
▸ Robben vor der Küste der Isle of Skye.
▸▸ Typisches Bild einer Hebrideninsel: »Machair« ist eine spezielle Form von Dünengrasland.

Islay Whisky ist weltberühmt für seine ganz besonderen Geschmacksnoten von torfigem Rauch, Salz, Jod und Seetang. Nicht jedermanns Geschmack, aber wer schon einmal ein Glas hier in Islay verkostet hat, der wird vermutlich zustimmen, wie perfekt die Charakteristik dieser Insel, die Landschaft, die Luft und das Meer, von diesem Destillat verkörpert wird.

Eine weitere Besonderheit von Islay liegt darin, dass es hier noch die letzten Brennereien gibt, die Gerste in dem traditionellen Verfahren des Floor Malting mälzen, einem sehr arbeitsintensiven und aufwändigen Prozess, der in den meisten Destillerien durch den Einkauf industriell gemälzter Gerste ersetzt wurde. Als großer Whisky-Liebhaber ist es für mich ein ganz besonderes Highlight, die alte Herstellungsmethode hier noch live zu sehen, bevor diese vielleicht für immer verschwinden wird. Bei einem Besuch der Bruichladdich-Brennerei habe ich dann auch die Gelegenheit, eine ganz besondere Abfüllung des rauchigsten Whiskys der Welt zu verkosten. Ob ich die Erfahrung wiederholen möchte, lasse ich mir in diesem Moment noch offen, nichtsdestotrotz aber ein ganz besonderes Erlebnis.

Eine knapp zwei Kilometer breite Meerenge trennt Islay von der Insel Jura. Von einer Anhöhe oberhalb von Port Askaig kann ich die Paps of Jura erkennen, ihre Gipfel von einer Wolkenhaube bedeckt. Knapp 200 Menschen leben auf Jura in ein paar kleinen Siedlungen entlang der Südostküste. Der Rest der Insel ist völlig wild, unwegsam und unbewohnt. Ich mache mir eine geistige Notiz, irgendwann wieder hierher zurückzukehren, um die Insel zu Fuß zu erkunden.

An der Westküste bietet Islay das typische Bild einer Hebrideninsel. Machair ist ein gälisches Wort und bedeutet fruchtbare Ebene. Damit wird eine ganz spezielle Form von Dünengrasland bezeichnet, welches nur im Westen Schottlands und im irischen Nordwesten zu finden ist. Dieser sehr fruchtbare Boden unterstützt eine große Artenvielfalt von Pflanzen. Ein grüner Teppich aus Gräsern, der sich für wenige Wochen im Sommer in ein endloses Meer aus Wildblumen verwandelt, dahinter Dünen, die in elegant geschwungene Strände aus hellem Sand übergehen. Die weiße Gischt der brechenden Wellen, türkisfarbenes Wasser, das langsam seine Farbe verändert, um schließlich am Horizont mit dem Blau des Himmels zu verschmelzen.

Das stürmische Wetter der Überfahrt hat sich glücklicherweise verzogen, und wir können ein paar Tage Sonnenschein genießen und uns ein wenig von den Aufregungen der letzten Zeit erholen. Ein großer Vorteil der Abgeschiedenheit von Islay ist, dass wir die traumhaften Dünenlandschaften praktisch für uns allein haben. Die Wassertemperaturen und starke Strömungen laden zwar nicht zum Baden ein, aber Tristan und Valerian haben trotzdem einen Riesenspaß beim Buddeln, Herumtollen und Muschelsuchen an den weißen Sandstränden.

Aufgrund unseres engen Zeitplans zieht es uns bald weiter nach Mull, der zweitgrößten Insel des Archipels, auf der insgesamt aber auch nur 2800 Einwohner leben. Die größten Siedlungen konzentrieren sich auf die Nordostküste entlang des Sound of Mull, wo die Straßen auch etwas besser ausgebaut beziehungsweise zumindest doppelspurig sind. Der Rest der Insel ist nur über wenige, enge *single track roads*, einspurige Straßen mit Ausweichbuchten, zu erreichen. Die Inselhauptstadt Tobermory ist vermutlich einer der schönsten, wenn nicht gar der schönste Fischereihafen an der schottischen Westküste. Das Städtchen liegt wie auch die anderen größeren Ansiedlungen auf Mull an der Nordostküste der Insel. In einer weit geschwungenen Bucht ankern Schiffe, die Kaimauer säumt eine lange Reihe bunt bemalter Häuser. An klaren Tagen hat man von der bewaldeten Anhöhe oberhalb des Hafens einen wunderbaren Blick über den Sound of Mull auf die unberührte Wildnis der bereits zum Festland gehörenden Halbinseln Morvern und Ardnamurchan.

Der Grund, warum wir an diesem Tag Tobermory besuchen, sind die jährlich stattfindenden Highland Games. Diese schottischen Wettkämpfe

▾ TänzerInnen bei den Tobermory Highland Games.

▴▴ Der malerische Hafen von Tobermory auf der Isle of Mull.
▴ Tristan fiebert mit: so viele fantastische Eindrücke bei den Highland Games!

TAGEBUCH KATRIN

Typisch schottisch

Ich kenne die Highland Games schon von früheren Schottlandreisen. Damals fotografierte Marcus meist viel, und ich schlenderte von Schauplatz zu Schauplatz. Mit zwei Kindern müssen wir uns jetzt anders organisieren. Wir werden picknicken! Auf der ausgebreiteten Decke kann Valerian liegen, spielen, schlafen, und Tristan hat seine kleine »Wohnung« zwischen all den Menschen. Es gefällt ihm sehr. Er dreht fast durch, als eine Musikgruppe direkt vor uns spielt. Wir essen, trinken und genießen. Diese Freiheit, den ganzen Tag herumzutollen, die Atmosphäre und die freundlichen Schotten sind wirklich ein wunderbares Erlebnis.

finden in den Sommermonaten in ganz Schottland statt. Speziell in den Lowlands haben sich einige davon zu großen Events mit Tausenden von Zuschauern und Teilnehmern aus aller Welt entwickelt. Meine Favoriten aber sind die Highland Games auf den Inseln der Westküste. Die Wettbewerbe abseits der Ballungszentren haben sich eine gewisse Ursprünglichkeit bewahrt, alles wirkt sehr persönlich, heimelig, mit echtem Volksfestcharakter und vielen lokalen Teilnehmern – und all das vor traumhafter landschaftlicher Kulisse. Hier treffen sich Nachbarn und Freunde, und auch als Besucher ist man man stets willkommen und kommt mit den weltoffenen und freundlichen Schotten schnell ins Gespräch.

Eröffnet werden die Games vom großen Einzug der Dudelsack-Kapellen und über den Tag verteilt finden verschiedene Wettbewerbe statt: im Wesentlichen Leichtathletik, Weights, also das Werfen und Stoßen von schweren Gegenständen, Tänze und Dudelsack-Spielen. Für die Highland-Tänzer ist ein hölzernes Podium aufgebaut, ein Dudelsack-Solist sorgt für Musik und Takt, junge Frauen und Mädchen tanzen meist in Vierergruppen unter den strengen Augen der Preisrichter. Getanzt werden Highland Reels und Flings, Strathspeys, Hornpipes und Gillie Callum, der traditionelle Schwerttanz. Alles in der althergebrachten Kleidung, Tartan-Kilts mit passenden kniehohen Strümpfen, weißen Blusen, farbigen Westen und Highland Ghillies, dünnen, geschnürten Tanzschuhen aus Leder. Dass auch schon die Jüngsten mit dabei sind, erscheint mir weniger der Unterhaltung des Publikums zu dienen, als dem Umstand geschuldet, dass die komplizierten und anspruchsvollen Tanzschritte und -sprünge mit Sicherheit jahrelanges, hartes Training erfordern. Aus historischer Sicht sind diese Tänze keinesfalls reine Frauenangelegenheit, und auch heute noch mischt sich der eine oder andere junge Mann unter die Bewerber.

Die Männer sind sonst vorwiegend bei anderen Wettkämpfen zu finden, zumeist bei den Weights. Der vorherrschende Körperbau umspannt die Skala von austrainiertem Bodybuilder bis 2,10 Meter großem Türsteher. Vermutlich eine physische Voraussetzung für das Stoßen, Schleudern und Werfen von Kugeln, Hämmern und anderen Gewichten. Selbstverständlich wird auch hier ausschließlich Kilt getragen, das einzige Zugeständnis an die Schamhaftigkeit sind angesichts der kraftvollen körperlichen Bewegungen enganliegende Shorts unter den Kilts. Der Höhepunkt dieser Disziplin ist das auch weit über die Grenzen Schottlands berühmte *tossing the caber*, das Baumstammwerfen. Die Wettkämpfer stemmen dabei einen bis zu sechs Meter hohen und achtzig Kilogramm schweren Baumstamm vertikal vom Boden, versuchen diesen auszubalancieren, nehmen Anlauf und werfen ihn dann in einem Bogen nach vorn. Da diese Aufgabe anscheinend allein noch nicht schwierig genug ist, befindet sich das dünne Ende des Stammes in den Händen des Werfers, während er das dicke Ende in etwa sieben Meter Höhe ausbalancieren muss. Ziel ist es, den Stamm so zu werfen, dass

▾ Die Tanzwettbewerbe sind nicht nur den Frauen vorbehalten.

dieser sich um 180 Grad in der Luft dreht, mit dem dicken Ende auf dem Boden auftrifft und dann noch einmal nach vorn, also weg vom Werfer, fällt. Der Idealfall und die meisten Punkte sind erreicht, wenn die gesamte Bewegung in einer geraden Linie verläuft und der Stamm mit der Spitze in einer Zwölf-Uhr-Position liegen bleibt. Für alle anderen Varianten gibt es Punktabzug.

Für die Zuschauer verläuft der Tag ganz locker und entspannt mit Picknick-Charakter. Jeder findet seinen Platz ganz unkompliziert auf dem Rasen, auf mitgebrachten Campingstühlen oder Decken. In einfachen Partyzelten werden Getränke und Snacks verkauft, im Eingangsbereich parkt der Eiswagen als magischer Anziehungspunkt für alle Kinder.

Für Tristan sind die Highland Games ein riesiges Erlebnis. Das Dröhnen der Dudelsäcke, die Tänzer und ihre Kleidung faszinieren ihn, und vor lauter Aufregung kann er sich gar nicht entscheiden, was er als Erstes anschauen möchte. Einer der wunderschönen Aspekte des Kindseins ist, dass kulturelle und sprachliche Barrieren nicht existent sind, und ehe wir es uns versehen, ist er schon Teil des Starterfelds für die Kinderwettläufe und saust über die Rennbahn.

Bei der Rückfahrt von Tobermory rollen wir gemütlich über die kurvigen Straßen, als ich in den Seitenspiegel blicke und kurz erschrecke. Wir werden von einem Doppelgänger verfolgt! Hinter uns fährt eine fast exakte Kopie unseres Bullis, der uns dann irgendwann überholt und dessen zwei Insassen uns freundlich zuwinken. Ein paar Kilometer später sehen wir den orange-weißen Bus an einem Aussichtspunkt stehen und

▾ Der Hafen von Portree auf der Isle of Skye.

◂ Bulli-Treffen auf der Isle of Mull.
▾ Schottisches Hochlandrind auf der Isle of Skye.

parken daneben. Wir lernen Mike und Helen kennen, die auf zwei Klappstühlen vor dem Bus sitzen und die Aussicht genießen – ein angenehmes Zusammentreffen mit Gleichgesinnten. Die beiden leben in England und haben sich zu ihrem Hochzeitstag ein schönes Geschenk gemacht. Vor vielen Jahren, erzählt uns Mike, hätten sie selbst einen T2 Bulli gehabt und bereuen es noch heute, ihn irgendwann einmal verkauft zu haben. Jetzt haben sie sich einen schön restaurierten Bus gemietet und fahren damit durch Schottland. Eine zweite Hochzeitsreise, ergänzt Helen mit einem Augenzwinkern. Sie sind natürlich begeistert von unserer Reise, erkundigen sich nach der genauen Route und unseren Plänen. Mir scheint es, als wäre bei den beiden ein Funke übergesprungen, und wahrscheinlich wird es nicht die letzte ihrer Reisen im Bulli sein. Diese Begegnung führt mir erneut vor Augen, welche Sehnsüchte nach Aufbruch, Reise und Freiheit sich mit diesem Kult-Automobil verknüpfen – quer über alle Altersklassen und Nationalitäten hinweg.

Die Isle of Skye, die größte und bevölkerungsreichste Insel der Inneren Hebriden, beeindruckt mit sehr unterschiedlichen Landschaften, jede für sich einzigartig und wild. Wie eine ausgebreitete rechte Hand liegt die Insel in der Schottischen See: die drei Halbinseln Duirinish, Waternish und Trotternish sowie die vorgelagerte Insel Raasay strecken sich als Finger in Richtung der Äußeren Hebriden, der Daumen weist über die Skye Bridge zum Festland, die Handfläche wird dominiert vom wilden Gebirgsmassiv der Cuillins. Diese im Süden von Skye liegende Bergkette ist bei gutem Wetter aus allen Richtungen weithin sichtbar. Wie gigantische, dunkle Felspyramiden erheben sich die bis zu knapp 1000 Meter hohen Berge direkt von der Meereslinie, ein unwegsames Gebiet, das nur zu Fuß erreichbar und erfahrenen Wanderern und Kletterern vorbehalten ist.

Wenn Tobermory der schönste Hafen an der Westküste ist, dann nimmt Portree den zweiten Platz ein. Diese kleine, terrassenförmig angelegte Stadt mit ihren bunten Häuserfassaden ist das infrastrukturelle Zentrum der Insel und damit auch unweigerlicher Zwischenstopp oder Basis für die meisten Besucher, die sich hier einquartieren oder ihre Vorräte auffüllen.

Das Gebiet des Quiraing auf der Trotternish-Halbinsel im Norden von Skye ist vermutlich eine der ungewöhnlichsten und bizarrsten Gegenden Schottlands. Vulkanischer Basalt hat hier eine Landschaft aus steilen Klippen, Felsnadeln und Säulen geformt, blanke Felswände aus dunklem Gestein wechseln sich mit grünen Hängen ab, Felsbrocken in allen Größen liegen wie von Riesenhand verstreut im Gelände.

Diese Urtümlichkeit und landschaftliche Schönheit hat Skye schon seit Ende des 19. Jahrhunderts zu einer beliebten Destination für Naturliebhaber, Wanderer und Kletterer gemacht. Eine Entwicklung, deren Ende derzeit nicht in Sicht ist und sich angesichts der jährlich wachsenden Besucherströme zunehmend zu einem ernsthaften Problem entwickelt. Ich war vor einigen Jahren das letzte Mal auf Skye und stelle nun fest, dass sich vieles verändert hat. Die Besucherströme in der Hauptsaison sind erdrückend – die Insel scheint aus allen Nähten zu platzen. Die unablässig rollenden Autos, Busse und Camper-Vans überlasten den Asphalt, und so sind die Straßen in einem sehr schlechten Zustand, von Schlaglöchern übersät. Das Vorankommen ist mühsam und teilweise gefährlich. An Hotspots wie der Felsnadel Old Man of Storr sind behelfsmäßige Parkplätze wild und lieblos in die Landschaft geschlagen. Ich bin schockiert und auch ein wenig traurig angesichts dieser Entwicklung.

Die Situation auf Skye erinnert mich an den North Coast 500, das neueste touristische Projekt einer Ringstraße durch die nördlichen Highlands. In beiden Fällen kann die Infrastruktur die Mengen und Größen der Fahrzeuge nicht bewältigen, die einspurigen Straßen sind zu eng, und für die durch übereifriges internationales Marketing angezogenen Besucherströme fehlen Unterkünfte, Restaurants, Cafés und Pubs. Der Ausbau wird Jahre in Anspruch nehmen. Für die Bewohner und die Wirtschaft dieser abgelegenen Regionen ist Tourismus sicherlich ein sehr wichtiger Impuls und vielleicht eine Möglichkeit, diese Gebiete zu beleben. Die Entwicklung der letzten Jahre allerdings ist ein Pakt mit dem Teufel und könnte, wenn es so weitergeht, zu einer nach-

▸ An diesem Tag herrscht am Old Man of Storr auf der Isle of Skye typisch schottisches Wetter.

haltigen Schädigung dieser traumhaften Landschaften führen. Es bleibt nur zu hoffen, dass hier rasch ein Umdenken stattfindet und der Highland Council die richtigen Maßnahmen ergreift.

Nach unserem unfreiwilligen Zwischenstopp in Davies Werkstatt haben wir die Entscheidung getroffen, unseren Besuch in Schottland kurz zu halten. Die Zeit vergeht viel zu schnell und der Abschied fällt uns schwerer als gedacht. Uns wird bewusst, wie sehr Schottland uns ans Herz gewachsen ist, verbinden wir mit dem Land doch viele schöne Erinnerungen. Ich habe dort schon sehr viel Zeit verbracht, bin durch die wilden Landschaften gewandert, habe Land und Leute lieben gelernt, und auch die erste größere Reise von Katrin und mir ging nach Schottland. Trotz Wehmut freuen wir uns aber auch auf Norwegen, das für uns alle völliges Neuland ist.

// AUGUST // 4460 KILOMETER // 21 TAGE

NORWEGEN

Im Land der Wikinger, Fjorde und Rentiere

◂ Ein typischer Anblick auf den Lofoten: der kleine Ort Reine.

Schweren Herzens machen wir uns auf den Weg nach Newcastle, etwa hundert Kilometer südlich der schottischen Grenze an der Ostküste Englands. Eine Fähre bringt uns in 17 Stunden über Nacht nach IJmuiden nordwestlich von Amsterdam. Ein langer Weg nach Dänemark liegt vor uns. Am ersten Tag überqueren wir die Grenze nach Deutschland und fahren bis Bremen, am nächsten Tag übernachten wir knapp hinter der deutsch-dänischen Grenze.

An diesem Nachmittag und Abend bemerken wir eine Veränderung an unserem sonst immer fröhlichen und unkomplizierten Tristan. Er ist lustlos und wirkt ein wenig traurig. Schließlich kämpft er mit den Tränen und sagt, dass er nach Hause möchte und dass er seine Oma vermisse. Es spricht für Tristans Unkompliziertheit und Reiselust, dass Heimweh für ihn bisher kein Thema war.

Nachdem wir die beiden schlafen gelegt haben, sitzen Katrin und ich noch lange zusammen und beratschlagen, wie wir mit dieser Situation umgehen sollen. Bei unserer ersten Reise war Tristan noch ein Baby und so wie Valerian jetzt noch zu klein, um diese Art von Gefühlen bewusst zu erleben und auszudrücken. Das hat sich jetzt eindeutig geändert. Als junge Eltern ohne entsprechende Erfahrungen sind wir ein wenig ratlos und können uns eigentlich nur auf unsere Instinkte verlassen. Wir beschließen, den nächsten Tag abzuwarten beziehungsweise gegebenenfalls die folgenden Tage. Sollte er weiterhin unter Heimweh leiden, wäre das ein Grund, die

TAGEBUCH KATRIN

Geburtstag auf Reisen

Es zieht sich wie ein roter Faden durch mein Leben. An runden Geburtstagen bin ich meistens nicht daheim. Auch diesmal sitze ich weit entfernt von Freunden und Familie mit meinen drei Männern in einer Pizzeria in Dänemark. Da ich auch sonst nicht der Geburtstagsparty-Typ bin, vermisse ich das ausgelassene Feiern eigentlich nicht. Eher fehlen mir die Umarmungen und Geburtstagswünsche von Freunden und Familie. Trotzdem ist es perfekt hier – ein Geburtstag, der zu unserer Reise passt. Und dank moderner Technologie trudeln den ganzen Tag über Glückwünsche aus der Heimat auf meinem Smartphone ein. Diesen Vierzigsten vergesse ich bestimmt nicht!

Reise abzubrechen – gemäß unserer Grundprämisse, dass die Bedürfnisse der Kinder auf dieser Reise immer im Vordergrund stehen sollen.

Am nächsten Morgen ist Tristan wie ausgewechselt und erkundigt sich sofort, wo Papa-Bus steht. Wir packen unsere Sachen. Auf die Frage, ob er immer noch zurück nach Hause möchte, schaut er uns mit großen, ungläubigen Augen an, klettert in seinen Kindersitz, schnallt sich an und meint, dass er jetzt weiterfahren möchte. Seinen Wunsch, nach Hause zu fahren, sollten wir den Rest der Reise kein einziges Mal mehr hören.

Am letzten Tag unserer »Überstellungsfahrt« erreichen wir den Fährhafen von Hirtshals an der Nordspitze Dänemarks. Hier geht es an Bord der sehr modernen MS Stavangerfjord, eine der beiden weltweit größten Fähren, die ausschließlich mit Flüssigerdgas betrieben wird und die uns in gut 17 Stunden nach Bergen in Norwegen bringen wird. Über Nacht erreichen wir zuerst Stavanger und setzen bei Tageslicht die Reise fort. Zwischen den beiden vorgelagerten Inseln Storekalsøy und Viksøyna dreht die Fähre nach rechts ab und fährt in eine Meerenge ein – es ist wunderschönes Wetter, und die Fahrt durch die beeindruckenden Ausläufer der Westfjorde präsentiert uns schon einen Vorgeschmack auf die dramatischen Landschaften Norwegens.

Norwegen ist ein Land der Superlative, allein schon die Größe ist beeindruckend. Flächenmäßig ist Norwegen das achtgrößte Land Europas. Mit einer Nord-Süd-Ausdehnung von beinahe 1800 Kilometern Luftlinie ist es gleichzeitig eines der längsten Länder des Kontinents. Die Strecke, die wir bisher von Gibraltar nach Schottland zurückgelegt haben, beträgt Luftlinie etwa 2400 Kilometer. Der letzte Abschnitt unserer Reise würde also in gerader Linie berechnet fast noch einmal so lang, wie alles, was wir bisher zurückgelegt haben. Die extrem zerklüftete Küstenlinie mit den berühmten Fjorden ist eines der

▾ Ein dichtes Netz an Fährverbindungen macht ein Weiterkommen in den Westfjorden einfacher.

◂ ▾ Ein historisches Haus auf der Nordnes-Halbinsel in Bergen zählt zu den schönsten Unterkünften unserer Reise.

prägendsten Merkmale Norwegens. Zählt man die Küstenlinie aller Fjorde, Buchten und Inseln zusammen, ergibt das in der Summe eine Länge von über 80 000 Kilometern – das entspricht mehr als dem doppelten Umfang unserer Erde.

Angesichts dieser Zahlen wird uns schnell klar, dass es unmöglich ist, in der uns zur Verfügung stehenden Zeit dieses Land vollständig zu erfassen. In der wunderschönen Stadt Bergen erholen wir uns zunächst einmal drei Tage von den Anstrengungen der langen Reise von Schottland hierher und planen unseren Weg nach Norden. Für unseren Aufenthalt haben wir wieder einen Glücksgriff gemacht und übernachten in der vermutlich schönsten Unterkunft der gesamten Reise. Ein winzig kleines historisches Haus auf der Halbinsel Nordnes in der Nähe des Hafens, knapp vier Meter breit und sieben Meter lang, dreistöckig in den Hügel gebaut. Weiß gestrichene Holzbretter an der Außenseite mit blauen Fenstern und Türen, ein kleiner, weißer Zaun zur Straße hin. Das Haus ist nicht nur eine Augenweide, sondern hat auch eine sehr interessante Geschichte. 1944 explodierte im Hafen von Bergen ein mit 120 Tonnen Munition beladenes Frachtschiff. Die gewaltige Explosion und die darauffolgende Feuersbrunst richteten verheerende Schäden im Zentrum der Stadt an. 160 Menschen verloren ihr Leben, über 5000 wurden verletzt. Beinahe 300 Häuser wurden sofort zerstört oder waren so stark beschädigt, dass sie abgerissen werden mussten. Die Nordnes-Halbinsel lag in Schutt und Asche, nur drei Häuser blieben wie durch ein Wunder verschont. Eines davon ist unsere Unterkunft. Christian, der Besitzer, ist selbst gerade auf Reisen, und so haben wir das gesamte Haus für uns allein. Im Inneren ist es sehr geschmackvoll im skandinavischen Stil eingerichtet, eine steile, enge Wendeltreppe verbindet die Stockwerke.

Bergen war einst die größte und wichtigste Stadt Norwegens, später der Hanse angeschlossen und immens reich ist sie heute mit 280 000 Einwohnern neben Oslo die zweitgrößte Stadt und kulturelles Zentrum des Landes. Mittelpunkt der ehemals florierenden Fischereistadt ist nach wie vor der Hafen, an die Zeit der Hanse erinnern immer noch die wunderbaren farbig gestrichenen Holzhäuser und die labyrinthartigen Gassen von Bryggen, dem Hanseviertel Bergens.

▲ Traumhafte Abendstimmung
im Hafen von Bergen.

Wir bekommen am ersten Tag gleich einen Vorgeschmack auf die sehr strikten Regeln, die in Norwegen angewandt werden, um für Umweltschutz und Lebensqualität zu sorgen. Einen Abstellplatz für den Bulli in der Stadt zu finden, entpuppt sich als beinahe unlösbare Herausforderung. Parken an der Straße ist nur mit einer Anwohner-Parkberechtigung möglich, für sämtliche öffentlichen Parkgaragen ist der Bus zu hoch. Nach einer gefühlten Ewigkeit des Suchens und einigen Telefonaten mit diversen städtischen Stellen steigt die Verzweiflung, und ich bin kurz davor, den Bulli außerhalb der Stadt auf einem sicheren Parkplatz abzustellen. Dann aber kommt doch noch der rettende Hinweis eines Einheimischen, der mich zu einer Parkmöglichkeit führt.

Wir genießen die autofreien Tage, bummeln durch die Stadt, verkosten die eine oder andere – sündhaft teure – Köstlichkeit des Meeres und trinken ein – noch teureres – Glas Bier bei Sonnenuntergang am Hafen. Es war die richtige Entscheidung, hier in Bergen kurz Station zu machen, denn so haben wir Gelegenheit, ein wenig zu entspannen und langsam im letzten Land unserer Reise anzukommen. Angesichts der hier vorherrschenden 250 Regentage im Jahr bleibt uns auch genügend Zeit, es uns in unserem wunderbaren kleinen Häuschen mit den Kindern gemütlich zu machen und die Reise nach Norden zu planen.

Bei der schieren Größe Norwegens und der uns zur Verfügung stehenden Zeit haben wir vor, Distanzen zu machen und nur bei ganz besonderen Highlights anzuhalten, die wir unbedingt näher kennenlernen wollen. Als Erstes steht das Gebiet der Westfjorde auf unserer Liste. Mit etwas Wehmut verlassen wir unser schönes kleines Häuschen, packen unsere Sachen, beladen den Bulli und fahren los in Richtung Westen.

Das Erste, das mir auf den Straßen auffällt, ist die große Menge an Elektroautos. Ich habe noch nie so viele Teslas und andere Fahrzeuge mit Alternativantrieb in so kurzer Zeit gesehen.

Meine Neugierde ist geweckt und bei der nächstbesten Gelegenheit recherchiere ich zu diesem Thema. Was ich herausfinde, ist nicht nur überraschend, sondern auch beeindruckend. In Norwegen ist der Elektroantrieb in allen Autoklassen die günstigste Variante! Genau das Gegenteil zum heimischen Automarkt. Möglich gemacht wird das durch massive Subventionen des Staats, Elektroautos sind fast zur Gänze steuerbefreit, bezahlen keine Straßenmaut und können unter bestimmten Bedingungen in Städten gratis parken und die Busspur benutzen. Jedes zweite neu zugelassene Fahrzeug in Norwegen ist heute mit Alternativantrieb ausgestattet. Natürlich lässt sich das System eines Landes nicht auf andere übertragen, ohne alle Rahmenbedingungen zu berücksichtigen. Trotzdem hat mich das Thema, was alles möglich wäre, ein wenig nachdenklich gemacht.

Die erste Etappe führt uns an den Sognefjord, mit über 200 Kilometern Länge der längste Fjord Norwegens, und weiter an einen seiner Seitenarme, den Lustrafjord. Hier liegt Solvorn, mit seinen gepflegten farbigen Holzhäusern im nordischen Stil ein norwegisches Bilderbuchdorf und Ausgangspunkt einer kleinen Fähre ans andere Ufer des Fjords. Dort steht die beeindruckende Stabkirche von Urnes in einer Kulisse, die

◂ Holzschnitzereien im Urnes-Stil.
▾ Die Stabkirche von Urnes.

▲ Solvorn am Lustrafjord.
▸ Vorsicht beim Fahren: Rentiere kreuzen die Straßen.
▾ Der Sognefjellsveien ist die höchstgelegene Passstraße Nordeuropas.

dramatischer kaum sein könnte. Die hölzerne Kirche thront auf einer von grünen Wiesen und Birken gesäumten Landzunge vor der alpinen Kulisse hoher Berge und dem türkis leuchtenden Wasser des Lustrafjords. Teile dieser ältesten Stabkirche Norwegens stammen aus dem 11. Jahrhundert und machen sie zu einem wichtigen Bindeglied zwischen dem frühen Christentum und der Wikingerzeit. Die wunderschönen Schnitzereien am Nordportal sind sogar Namensgeber für den Urnes-Stil, unter dem die letzte Stilrichtung der Wikingerzeit zusammengefasst wird, die sich durch stilisierte Tiermotive in eng verwobenen, aufwändigen Mustern auszeichnet. Auch im Inneren der Kirche finden sich zahlreiche Verschmelzungen von christlicher Symbolik und nordischem Götterglauben.

Am nördlichen Ende des Lustrafjords liegt der kleine Ort Skjolden, und von hier aus geht es zunächst lange und steil aufwärts. Wir befinden uns am Sognefjellsveien, der höchsten Passstraße Skandinaviens, die uns über eine Distanz von achtzig Kilometern nach Lom führen wird. Ich merke bald, wie sehr die Steigungen dem Bulli zusetzen, gefangen im drehmomentslosen Niemandsland zwischen zweitem und drittem Gang. Während der Fahrt kommen wir ein paar Mal auf Davie in Schottland zu sprechen und sind froh, dass der Motor erneuert wurde. Die Bergstraßen hier in Norwegen sind auch so schon mehr als grenzwertig für Papa-Bus.

Der Sognefjellsveien war über viele Jahrhunderte eine der wichtigsten Handelsrouten Norwegens, auf der Waren zwischen der Küste und dem Landesinneren bewegt wurden. Bewältigt wurden diese Strecken entweder mit Lasttieren oder die Menschen schleppten die Güter selbst auf dem Rücken. Die Strapazen und Entbehrungen dieser Wege sind angesichts der harschen und unwirtlichen Landschaft heute kaum noch vorstellbar.

TAGEBUCH KATRIN

Ein eingespieltes Reise-Team

Es ist wunderschön hier, aber eigentlich habe ich Angst. Als Mutter steht die Sorge um meine Kinder für mich immer im Vordergrund. Die gefühlt senkrecht nach oben verlaufenden Bergstraßen beunruhigen mich. Und das auch noch in einem über dreißig Jahre alten Oldtimer. Was ist, wenn die Bremsen versagen? Der Motor überhitzt? Ich atme tief durch und beobachte Marcus. Wenn er ganz ruhig ist, überdenke ich meine Zweifel nochmals und komme dann meistens zu dem Schluss, dass ich überreagiert habe. Das hat mir auf unseren Reisen schon sehr viele wunderschöne Erlebnisse ermöglicht, seien es nun Hubschrauberflüge in Neuseeland oder Erkundungen von Gletscherspalten. Nur – dieses Mal ist es anders. Marcus wirkt angespannt. Er versucht zwar, sich nichts anmerken zu lassen, aber ich sehe, wie sehr er sich aufs Fahren konzentriert. Ich glaube, das mit den norwegischen Bergstraßen müssen wir nochmals überdenken …

Nach einer gefühlten Ewigkeit erreichen wir schließlich das Hochplateau auf über 1400 Metern Höhe. Die Landschaft, die sich rund um uns ausbreitet, ist atemberaubend schön. Von Flechten bewachsene Felsen, Moose und Gräser dominieren diese subpolare Bergtundra, immer wieder fahren wir an Gebirgsseen vorbei, und auch im Sommer sind große Flächen der Landschaft von Restschneefeldern bedeckt. Die Aussichten sind grandios. Im Osten der Jotunheimen-Nationalpark mit den von ewigem Eis und Schnee bedeckten höchsten Bergen Norwegens. Im Westen die ausgedehntesten Gletscherfelder des europäischen Festlands inmitten des Jostedalsbreen-Nationalparks.

Am Ende des Hochplateaus gilt es dann, nochmals dieselbe Strecke nach unten zu fahren. Es geht stellenweise extrem steil bergab. Die Bremsen haben deutlich mit dem Gewicht des voll beladenen Bullis zu kämpfen. Ich versuche, mir mein wachsendes Unwohlsein nicht anmerken zu lassen, und bin heilfroh, als wir endlich in die flachere Ebene hinausfahren. Katrin, die mich doch recht gut kennt, spricht mich bei einer Rast darauf an, ob ich mir auf den steilen Straßen Sorgen gemacht hätte. Vielleicht sind meine Bedenken unbegründet, aber im Laufe meines Lebens und meiner vielen Reisen habe ich gelernt, auf mein Bauchgefühl zu hören. Wir beschließen ein paar kleine Änderungen der geplanten Reiseroute, um die steilsten Bergstraßen in Zukunft zu vermeiden und den Bulli nicht unnötig zu belasten.

Zwei unvermeidliche Steilstücke müssen wir Papa-Bus allerdings noch abverlangen: den Weg zum Geirangerfjord. Den als UNESCO-Weltnaturerbe klassifizierten »Fjord aller Fjorde« wollen wir uns auf unserem Weg nach Norden unbedingt ansehen. Die beeindruckendsten Ansichten des Fjords eröffnen sich vom Wasser aus, und so tauschen wir für ein paar Stunden unsere vier Räder gegen ein Ausflugsboot. Die Dramatik dieses Naturwunders ist tatsächlich atemberaubend, ist doch allein schon die schiere Größe schwer zu erfassen. Ein ähnliches, beinahe schon schwindelerregendes Gefühl hatte ich bisher nur am

▾ Immer wieder beeindruckend: der Geirangerfjord.

▸ »Friaren« – ein Wasserfall im Geirangerfjord.

Grand Canyon in den USA und am Milford Sound in Neuseeland. Felswände schießen stellenweise senkrecht aus dem Wasser empor und erreichen Höhen von über tausend Meter, riesige Wasserfälle stürzen über die Bergflanken in die Tiefe, während sich kleine Bergbauernhöfe scheinbar der Schwerkraft trotzend in die steilen Hänge krallen. Tristan sagt gar nichts mehr, er schaut nur mit großen Augen in die Weite. Als wir beide an der Reling stehen und über die Grandeur der Landschaft staunen, muss ich plötzlich daran denken, wie rasend schnell die Zeit vergeht und wie groß er schon geworden ist. Die Situation weckt in mir Erinnerungen an unsere erste Reise, als ich Tristan, damals noch ein kleines Baby, auf eine weiße Steinmauer stellte, ihn festhielt und wir beide an den Klippen des Cabo de São Vicente in Portugal über den Atlantik blickten.

Mindestens ebenso dramatisch wie die Naturkulisse sind leider auch die Besuchermassen, die sich hier in der Hauptsaison drängen, ebenso die Preise für Verpflegung und Unterkünfte, die schon längst jeglichen normalen Rahmen gesprengt haben – selbst für norwegische Verhältnisse. So beschließen wir auch bald, weiterzuziehen, Papa-Bus erklimmt noch einmal tapfer die steilen Serpentinen des Ørnevegen und wir fahren in Richtung Eidsdal.

Die Fjorde, zweifellos der landschaftliche Reiz dieses Gebiets, machen ein Weiterkommen mit dem Fahrzeug von Süd nach Nord allerdings oft sehr frustrierend und zeitraubend. Häufig sehen wir über einen Fjord hinüber zum anderen Ufer, auf direktem Weg ein paar Minuten Fahrzeit, das Umfahren bedeutet aber einen Umweg von dreißig oder noch mehr Kilometern und ist teilweise sogar überhaupt nicht möglich.

Glücklicherweise gibt es ein dichtes Netz von Fährverbindungen, die in regelmäßigem Takt verkehren und ein Vorankommen in diesen Gebieten ungemein erleichtern. Die Fähren sind zumeist an die Distanzen, die sie ableisten, angepasst, und es gibt sie in allen Formen und Varianten. Wir sind mit kleinen, offenen Fähren gefahren, auf denen nur ein paar Autos Platz haben, aber auch auf großen Schiffen für Hunderte von Passagieren mit eigenem Restaurant und anderen Annehmlichkeiten.

Auf einer dieser großen Fähren erreichen wir nach ein paar Tagen Molde am nördlichen Ende

▲▲ Monument am Polarkreis.
▲ Landschaft im Saltfjell in der Nähe des Polarkreises
▸ Die atemberaubend angelegte Atlantikstraße nördlich von Molde.

des Landesteils Vestlandet. Die Stadt wurde während des Zweiten Weltkriegs von deutschen Bomben praktisch zur Gänze zerstört, und so gibt es heute wenig historische Bausubstanz. Molde präsentiert sich als sauber aufgeräumte, moderne Stadt, die vor allem für das jährlich stattfindende Internationale Jazzfestival bekannt ist. Ganz besonders spektakulär ist der Blick zurück ins Fjordland, das sogenannte Moldepanorama: im Vordergrund der Moldefjord mit seinen bewaldeten Inseln, zwischen denen die Fähren und Hurtigruten-Schiffe kreuzen, in Richtung des Horizonts ein Gebirgspanorama mit an schönen Tagen bis zu 222 teils schneebedeckten Gipfeln.

Für uns ist die Stadt Ausgangspunkt für einen großen Sprung Richtung Norden, allerdings auch für einen kleinen, aber sehr lohnenswerten Umweg. Nördlich von Molde wurde 1989 der Atlanterhavsveien eröffnet, ein kleines Meisterwerk moderner Straßenbaukunst. Die atemberaubende Atlantikstraße schlängelt sich weit draußen auf dem Meer über Brücken und Dämme und von Holm zu Holm. Langsam rollt unser orange-weißer Bulli als Farbtupfer im dunklen Blau des Ozeans von Insel zu Insel und über die elegant geschwungene Storseisund-Brücke, und ich muss feststellen, dass es tatsächlich eine der spektakulärsten Straßen ist, die ich jemals gefahren bin.

Hier am nördlichen Ende des Vestlandet beginnt sich das Hoheitsgebiet Norwegens stetig zu verjüngen, der Abstand zwischen Ozean und schwedischer Grenze schrumpft, bis die engste Stelle von nur sechs Kilometern etwas südlich von Narvik erreicht ist und sich das Land weiter nördlich wieder zu öffnen beginnt. Durch diesen immer enger werdenden Korridor fahren wir kontinuierlich weiter nordwärts, vorbei an Trondheim, Mosjøen und Mo i Rana, bis wir schließlich die Grenze zum Polargebiet erreichen. Im Saltfjellet-Svartisen-Nationalpark überqueren wir den Polarkreis, natürlich unvermeidlich verbunden mit touristischer Infrastruktur. Das Polarsirkelsenteret, ein zumindest architektonisch recht interessantes Gebäude, wartet mit Informationsbereichen, einer Cafeteria und überteuertem Souvenirladen auf. Für uns hat der kurze Aufenthalt an diesem Ort eher symbolischen Charakter. Wir haben das Gefühl, dass wir hier einen Punkt unserer Reise erreicht haben, von dem es kein Zurück mehr gibt. Auch die Landschaft hat sich sehr verändert. In dieser kargen Tundra wird der Gedanke erstmals greifbar, dass wir unserem Ziel tatsächlich näherkommen.

Ungefähr zwei Stunden später erreichen wir Bodø, eine etwas gesichtslos wirkende Stadt, die nur aus einem einzigen Grund auf unserem Reiseplan steht: Von hier aus fahren die Fähren auf die Lofoten, eine Inselkette vor der Westküste Norwegens. Am nächsten Morgen verlässt unsere Fähre bei strahlend blauem und fast wolkenlosem Himmel den Hafen. Die Anfahrt zählt zu den beeindruckendsten landschaftlichen

▸ *Rorbuer* – so heißen die typischen roten Fischerhütten, die hier vor der dramatischen Kullise der Lofoten stehen.

▲ Abendstimmung am Strand von Utakleiv.
▸ Strandurlaub nördlich des Polarkreises.
▾ Die Lofoten bieten faszinierende Inselwelten.

Anblicken, die ich bisher auf meinen vielen Reisen gesehen habe. Wie eine bizarre Skulptur erhebt sich die Lofoten-Wand, eine Zackenlinie von über tausend Meter hohen Bergen, direkt aus dem arktischen Meer. Was wir vor uns sehen, wirkt vom Schiff aus wie ein zusammenhängender Gebirgszug, obwohl es sich eigentlich um einzelne Inseln handelt, die über eine Serie von Tunneln und Brücken miteinander verbunden sind. Zurückweichende Gletschermassen der Eiszeiten formten hier im europäischen Nordmeer eine übernatürlich wirkende Landschaft. Spitzzackige Grate, Felsnadeln, Kare, Moränen, Felswände, tief ausgeschnittene Täler und steile Fjorde, die auch ohne ausschweifende Fantasie als Lebensraum von Riesen, Trollen und anderen fabelhaften Wesen der nordischen Mythologie vorstellbar sind.

Zusätzlichen Charme verleihen dem Archipel die omnipräsenten *rorbuer*, die sich auch zum stereotypischen Bild der Lofoten entwickelt haben. Ein Rorbu war ursprünglich eine saisonal genutzte Fischerhütte, aus Holz gebaut und üblicherweise mit der früher billigen roten Tranfarbe gegen Witterungseinflüsse geschützt. Auch wenn die meisten davon heute zu heißbegehrten Unterkünften für Touristen geworden sind und schon längst nicht mehr ihrem ursprünglichen Zweck dienen, erinnern die traditionellen Holzhütten an die über tausendjährige Tradition der Lofot-Fischerei. Einst der wichtigste saisonale Fischfang des Nordens, bestimmte dieser das Leben und die Kultur der Menschen auf den Lofoten und führte auch dazu, dass diese Region zu einem der bedeutendsten Handelszentren während der Wikingerzeit wurde.

Tørrfisk war über lange Zeit ein wichtiges Exportgut Norwegens und verhalf den Inseln im Norden zu so viel Reichtum und Einfluss, dass der Stockfisch und die Lofoten sogar Einzug in die Erzählungen der nordischen Sagas gefunden haben.

Trotz der abgeschiedenen Lage gehörten die Herrscher über diese Inseln zu den mächtigsten und einflussreichsten Personen des Landes. Herausragendes Zeugnis und Vermächtnis ihrer Bedeutung für die damalige Welt ist eine archäologische Ausgrabungsstätte in Borg auf der Insel Vestvågøy. Hier wurde das mit 83 Metern Länge größte jemals in Europa gefundene Langhaus aus der Wikingerzeit freigelegt.

Am Fundort gibt es heute nicht nur den beeindruckenden und exakten Nachbau des Hauses zu besichtigen, sondern auch das wunderbare Wikinger-Museum. Wir haben zusätzliches Glück, denn genau zum Zeitpunkt unseres Besuchs findet das jährliche Wikingerfest statt. Für Tristan und mich ein kleines Vater-Sohn-Highlight der Norwegenreise. Inmitten dieser grandiosen Naturkulisse treffen sich hier über hundert moderne Wikinger und erwecken das Museumsgelände für fünf Tage zu besonderem Leben. Männer, Frauen und Kinder tragen originalgetreue

▾ Eine Fischerhütte in Reine.

Kleidung, überall sind Zelte aufgebaut und es werden traditionelle Gerichte gekocht. Händler und Handwerker bieten ihre Waren an, es gibt Schaukämpfe, Theateraufführungen und diverse Demonstrationen zu sehen. Tristan bestaunt die aufregend gekleideten Menschen, er kann an vielen Spielen für Kinder teilnehmen und gemeinsam üben wir uns im Bogenschießen. Der krönende Abschluss des Tages ist unsere Fahrt in einem originalgetreuen Nachbau eines Wikingerschiffs, mit dem wir eine Runde im Fjord rudern und segeln.

Der nordische Wettergott scheint uns wohlgesonnen und wir freuen uns über sehr viel schönes Wetter. Die Lofoten haben nicht nur wilde Gesteinsformationen, sondern auch einige wunderbare weiße Sandstrände mit kristallklarem Wasser zu bieten. Die Tage hier auf dem Archipel werden für uns damit noch einmal zu einem kurzen Strandurlaub jenseits des Polarkreises, wenngleich sich unsere Aktivitäten auf das Land beschränken, da die Wassertemperaturen in diesen Breitengraden nicht mehr zum Baden einladen. Muschelsuchen und Sandburgenbauen sind für Tristan und Valerian ein schöner Ausklang einer langsam zu Ende gehenden Reise.

Die Tage vergehen wie im Flug. Schneller als uns lieb ist, heißt es auch schon wieder Abschied nehmen von den Lofoten. Hier hätten wir es auf jeden Fall noch länger ausgehalten, aber das Nordkap ruft, und wir starten in den letzten Abschnitt unserer langen Reise.

▸ Es ist nicht schwer zu verstehen, warum die Lofoten zum Lebensraum von Riesen, Trollen und anderen Wesen in der nordischen Mythologie wurden.

◂ Ein Traum für Fotografen: das ganz besondere Licht des hohen Nordens.

Historisches

KOLUMBUS WAR NICHT DER ERSTE – DAS WEITREICHENDE ERBE DER WIKINGER

▲ Replik eines Wikingerhelms.

Im Jahr 793 landen die ersten Drachenboote an der Nordwestküste Englands und überfallen das Kloster Lindisfarne – das Zeitalter der Wikinger ist damit eingeläutet: Die skandinavischen Krieger und Siedler sollten die europäische Geschichte und Kultur über die nächsten 300 Jahre nachhaltig beeinflussen.

Über die wahren Gründe der Wikinger-Expansion scheiden sich bis heute die wissenschaftlichen Geister. Übervölkerung der norwegischen Siedlungsräume und der damit verbundene Mangel an Land und Nahrungsmitteln, Stammesfehden, religiöse Spannungen mit dem sich ausbreitenden Christentum und die Notwendigkeit der Erschließung neuer Handelsrouten werden häufig als Auslöser für die explosionsartige Ausbreitung der Wikinger genannt.

Ermöglicht wird es vor allem durch die Schiffe und die herausragende Seemannskunst der Wikinger. Die Qualität des Schiffsbaus verblüfft noch heute viele Fachleute. Wikingerschiffe sind leicht, schnell und hochseetauglich. Sie haben einen sehr geringen Tiefgang und können sowohl mit Rudern als auch mit Segeln fortbewegt werden. Diese unschlagbare Kombination ermöglicht es den Wikingern, ebenso in Küstennähe und auf dem offenen Meer zu operieren, sich aber auch im Landesinnern über Flüsse und Seen fortzubewegen.

Die Wikinger dominieren den Atlantik Jahrhunderte, bevor der Rest der westlichen Welt über vergleichbare nautische Fähigkeiten verfügt. Auch die Hochseetauglichkeit ihrer Schiffe ist hinlänglich belegt. Nachbauten von Originalschiffen unter Zuhilfenahme traditioneller Konstruktionsmethoden haben mehrfach bewiesen, dass eine Überquerung des Atlantiks für die Wikinger problemlos möglich war.

Ebenso unscharf wie die Gründe für die Expansion der Wikinger ist ihr Rollenbild. Denn ein Wikinger ist vieles – Bauer, Krieger, Händler, Seemann, Pirat, Entdecker und Siedler –, und das zumeist in einer Person vereint. Mit Sicherheit lässt sich aber sagen, dass die Wikinger weit mehr als eine mordende und plündernde Horde sind, eine Rolle, die ihnen bis heute gern zugeschrieben wird. Viele besiedeln die neuen Gebiete und leben friedlich mit der ansässigen Bevölkerung zusammen.

Das ist vermutlich der Grund dafür, dass ganz Norwegen von der Ausbreitung seiner Söhne und Töchter über den Atlantik profitiert. Die Wirtschaft floriert durch Handel und Raubzüge, das wenige Ackerland muss geringere Bevölkerungszahlen ernähren, weitere Weide- und Ackerflächen können erschlossen werden. Neue Nutzpflanzen wie Kohl und Rüben werden aus England eingeführt und angebaut. Die Siedler erlernen fortschrittliche landwirtschaftliche Methoden und geben dieses Wissen in die alte Heimat weiter.

Die aus Norwegen kommenden Wikinger breiten sich sukzessive im gesamten Raum rund um den Nordatlantik aus. Im heutigen Schottland kolonisieren sie die Äußeren und Inneren Hebriden sowie die Orkney- und Shetland-Inseln. Letztere werden erst im späten 15. Jahrhundert endgültig zu schottischem Hoheitsgebiet, und auf den Inseln spricht man bis ins 18. Jahrhundert noch Norn, eine dem Altnordischen verwandte Sprache. In Irland gründen die Wikinger Dublin und viele andere größere Städte. Weiter nördlich besiedeln sie die Faröer-Inseln und Island, wo die Nachkommen der ersten Siedler um 930 das Althing installieren, das älteste bestehende Parlament der Welt. Um das Jahr 985 segelt Erik der Rote westwärts und besiedelt auch diesen Landstrich.

Dass die Wikinger Nordamerika erreichten, war lange Zeit Stoff von Legenden und Spekulationen, konnte in den 1960er-Jahren aber endgültig und zweifelsfrei bewiesen werden, als bei Ausgrabungen in Neufundland eine Wikingersiedlung entdeckt wurde.

Von den Kolonien auf Grönland aus brechen einige Wikinger um das Jahr 1000 zu einer Entdeckungsfahrt in westlicher Richtung auf und erreichen Nordamerika – 500 Jahre vor der für lange Zeit kolportierten Entdeckung Amerikas durch Christoph Kolumbus.

▾ Nachbau eines kleinen Wikingerschiffs im Lofotr Wikinger Museum.

◂ Fast geschafft: wunderbare Abendstimmung kurz vor dem Nordkap.

// AUGUST // 240 KILOMETER // 3 TAGE

DAS NORDKAP

Am Ziel einer langen Reise

Der Weg nach Norden führt uns nach Alta, einer Stadt, deren weniger attraktives Erscheinungsbild im krassen Gegensatz zur wunderbaren Landschaft ihrer Umgebung steht. Die Finnmark, die nördlichste Provinz Norwegens, ist sehr dünn besiedelt, und so bietet Alta zumindest ein paar Annehmlichkeiten und eine gute Gelegenheit, unsere Vorräte aufzufüllen. Der Hauptgrund für den Zwischenstopp ist allerdings, dass ich hier einen ganz besonderen Ort besuchen möchte. Am Ende des Altafjords befinden sich die größten und ältesten prähistorischen Felsbilderfelder in Nordeuropa. Über 6000 Darstellungen hinterließ hier eine Jäger- und Sammlerkultur in Form von Steinritzungen und Felsmalereien. 3000 davon sind der Öffentlichkeit zugänglich und können in einem Freilichtmuseum, dem Alta Museum, besichtigt werden.

Die Kunstwerke sind über einen Zeitraum von mehreren Tausend Jahren entstanden, die ältesten über 7000 Jahre alt. Die Darstellungen geben einen wichtigen Einblick in die Kultur dieser Menschen, ihre Gedanken, Rituale, soziale Organisation und Technologie. Auf großen Steinplatten finden sich Szenen mit Rentieren und Elchen, Menschen beim Fischen und bei der Bärenjagd, Gerätschaften und geometrische Figuren.

Gemessen an meiner eigenen Lebenszeit sind diese Felsritzungen unvorstellbar alt. Ich bin fasziniert von der einfachen, aber klaren Bildsprache, die auch noch nach Tausenden von Jahren eine verständliche Botschaft in die Gegenwart

▲▲ Einsame Fischerdörfer auf dem Weg zum Nordkap.
▲ Die Jahrtausende alten Felsbilder von Alta.
▸ Die mystischen Simmungen des hohen Nordens auf der Insel Magerøya.

transportiert und Sender und Empfänger über die Zeiten verbindet.

An diesem schönen Sommertag hier am Altafjord geht mir einmal mehr die Frage durch den Kopf, warum es mich immer wieder zu historischen Stätten der Menschheitsgeschichte zieht. Eine Frage, deren Antwort sich im Laufe meines Lebens immer klarer formuliert. Geschichte gibt uns den Kontext, woher wir kommen. Geschichte ist die Wurzel unserer Erfahrungen und unserer Moral. Aus dieser Quelle entspringt auch unsere Vision, im Hier und Jetzt zu bestimmen, wohin die Reise gehen soll. Unsere Verantwortung ist es, aus der Geschichte zu lernen. Angesichts dieser jahrtausendealten Darstellungen wird mir auch bewusst, wie kurz unsere Zeit auf dieser Welt eigentlich ist und wie kostbar – wenn wir unsere Visionen realisieren möchten.

Auf unserer langen Reise haben wir bis zu diesem Punkt schon über 18 000 Kilometer zurückgelegt. Wir können es selbst kaum glauben, dass wir unserem Ziel so nahe sind. Von Alta aus brechen wir zu unserer letzten Etappe auf – es sind nur noch 240 Kilometer bis ans Nordkap. Im Kontext unserer Reise ist es eine verhältnismäßig kurze Strecke, die uns aber einige faszinierende Eindrücke beschert. Die subarktische Landschaft hier im hohen Norden trägt eine ganz besondere Schönheit in sich, die spät am Abend in besonderer Weise zur Geltung kommt. Knapp zwei Wochen nach der Zeit der Mitternachtssonne haben wir immer noch zwanzig Stunden Tageslicht, und so hoch im Norden herrschen einzigartige Lichtstimmungen. Die tief stehende Sonne taucht die Landschaft in ein sanftes orangerotes Licht, und der Himmel leuchtet in blauvioletten Farbtönen. Bald schon weichen die letzten bewaldeten Hügel einer baumlosen Tundra. Vor uns breitet sich eine leicht kupierte Ebene aus, und es fühlt sich so an, als ob wir über einsame Straßen ans Ende der Welt fahren würden. Nur noch selten sehen wir in der Ferne vereinzelte rote Holzhäuser von kleinen Fischerdörfern. Immer wieder müssen wir stehen bleiben, wenn Rentiere die Straße überqueren.

Es ist schon spät, als wir die kleine Siedlung Honningsvåg, circa dreißig Kilometer südlich des Nordkaps erreichen. Zwar haben wir erst Mitte August, aber die nächtlichen Temperaturen fallen auf fünf Grad, an eine Übernachtung im Bulli ist nicht mehr zu denken. Ein paar Kilometer weiter nördlich mieten wir uns auf einem Campingplatz eine kleine Holzhütte für die Nacht. Wir haben großes Wetterglück. Der Himmel ist klar mit schönen Wolkenstimmungen, und wir entschließen uns spontan, noch an diesem Abend hinaus ans Nordkap zu fahren.

Als wir aus der schützenden Tallage der Siedlung auf das Plateau kommen, das auf das Nordkap hinausführt, wird es extrem stürmisch. Es ist eiskalt im Bus, den Kindern ziehen wir noch zwei Extralagen Kleidung an und ich selbst muss mir Handschuhe überziehen. Ich habe Mühe, den Bulli gerade auf der Straße zu halten. Immer wieder werden wir von starken Windböen erfasst

▲▸ Stürmische Ankunft am Nordkap.
▸▸ Endlich am Ziel: Der metallene Globus ist das Wahrzeichen des Nordkaps.

TAGEBUCH KATRIN

Ankunft am Nordkap

Da ist es nun, das Ziel, das wir seit Jahren erreichen wollten. Wie viele Tränen, Ängste, Stress, Hoffnungen, Rückschläge, Erlebnisse, wunderschöne Momente, Familienzeit und Glücksgefühle liegen nun hinter uns? Ich habe mir immer vorgestellt, dass wir uns heulend in den Armen liegen, wenn wir das Nordkap jemals erreichen sollten. Aber in diesem Moment bin ich fast emotionslos. Okay, wir sind hier, es kann nichts mehr schiefgehen. Erst am nächsten Tag, als wir in Ruhe nochmals zum Nordkap rausfahren, kommen die Gefühle hoch. Jetzt erst wird mir klar, was wir geschafft haben. Eigentlich unglaublich, aber vor allem – einfach unbeschreiblich!

und beinahe in den Straßengraben gedrückt. Eigentlich passend – unsere Ankunft am Nordkap ist so stürmisch wie der Verlauf der Reise.

Tristan ist das Ganze nicht mehr geheuer und er will am Parkplatz zuerst gar nicht aus dem Bus aussteigen. Mit viel Überredungskunst schaffen wir es letztendlich, ihn davon zu überzeugen, dass er keine Angst vor dem Wind haben muss. Dann stehen wir tatsächlich alle zusammen am Ziel unserer Reise. Genauer gesagt, auf einem riesigen Parkplatz prall gefüllt mit Wohnmobilen und anderen Fahrzeugen.

Das Erinnerungsfoto wird zu einer großen Herausforderung. Zweimal bläst mir der Wind das Stativ um, aber irgendwie schaffen wir es doch noch, ein einziges Bild zu machen. Dann aber flüchten sich Katrin und die Kinder in den Bulli – der Sturm ist so stark, dass wir kaum stehen können.

Einmal stemme ich mich noch gegen den Wind und gehe an den Rand der Klippen, um zumindest ein Bild von dem ikonischen Globus auf dem Plateau des Nordkaps mitzunehmen.

Und dann machen wir uns auch schon wieder an die Rückfahrt zu unserer kleinen Holzhütte, wo sich Tristan nach den Aufregungen des Sturms glücklich und zufrieden in sein warmes Bettchen kuschelt.

Der nächste Tag bleibt weiterhin schön. Der Sturm hat sich gelegt. In aller Ruhe fahren wir jetzt noch einmal hinaus ans Nordkap. Uns wird klar, dass der nördlichste Punkt Europas, der vom Festland aus über Straßen erreichbar ist, nichts Besonderes ist. Ein gigantischer Parkplatz für Hunderte Fahrzeuge, ein riesiger Gebäudekomplex mit Souvenirladen, teurem Essen und noch teureren Getränken. Wir realisieren aber auch, dass das völlig egal ist, denn das Nordkap war immer nur ein symbolischer Punkt am Ende einer langen, abenteuerlichen Reise.

Zu dritt sind wir aufgebrochen, zu viert am Nordkap angekommen. Nicht in unseren wildesten Träumen hätten wir diesen Ausgang vorhersehen können. Die lange Reise ist für immer Teil unserer Familiengeschichte geworden und die Eindrücke und Erfahrungen haben uns auf vielen Ebenen bereichert. Der Weg war letztlich ein Spiegelbild des Lebens: Wagnisse eingehen, Veränderungen akzeptieren, Niederlagen wegstecken, wieder aufstehen und weitergehen. Ganz besonders aber – immer seinem Herzen folgen.

Vor allem ein Gedanke steht für mich seit unserer Ankunft im Vordergrund. Welche Bereicherung es ist, dass wir unsere Träume leben, nicht in vielen Jahren, nicht wenn es ruhiger wird im Berufsleben, nicht wenn das Haus abbezahlt ist und die Kinder aus dem Gröbsten raus sind, nicht erst im Ruhestand. Sondern jetzt, gemeinsam, in diesem Moment – denn man weiß nie, welche Wendungen das Leben bereithält und wozu man später noch Gelegenheit haben wird.

▸ Familie und Freunde warten schon sehnsüchtig auf unsere Rückkehr. Ein letzter Blick hinaus auf den Atlantischen Ozean, und dann rollt Papa-Bus wieder langsam in Richtung Süden – 3700 Kilometer vom Nordkap nach Innsbruck.

Die Top 5 der Reise

KANN MAN DIE SCHÖNSTEN ORTE UND ERLEBNISSE EINER 22 000 KILOMETER LANGEN REISE IN EINE LISTE ZUSAMMENFASSEN? EIN AMBITIONIERTER VERSUCH …

Straßenabschnitte

1
Costa Verde, Nordspanien

2
Halbinseln Iveragh und Dingle, Irland

3
Halbinsel Trotternish, Isle of Skye, Schottland

4
Sognefjellsveien, Norwegen

5
Atlantikstraße, Norwegen

Regionen und Orte

1
Alhambra, Granada, Südspanien

2
Andalusien im Frühling, Südspanien

3
Nordbretagne, Frankreich

4
Lofoten, Norwegen

5
Westfjorde, Norwegen

Einsamste Orte

1
Connemara, Irland

2
Donegal, Irland

3
Highlands, Schottland

4
Nord-Trøndelag/Nordland, Norwegen

5
Magerøya Insel (Nordkap), Norwegen

Begegnungen

1
Spanische Fiesta am Campingplatz, Südspanien

2
Surfer-Bullis, Portugal

3
Polizist, Nordirland

4
Davie von Solway Campers, Schottland

5
Die unzähligen Männer, Frauen und Kinder, die uns auf Autobahnen, Landstraßen und von Gehsteigen aus lächelnd zugewinkt haben

Campingplätze und Unterkünfte

1
Camping La Paz, Asturien, Spanien

2
Camping Le Neptune, Bretagne, Frankreich

3
Treen Farm Campsite, Cornwall, Großbritannien

4
Historisches Haus in Bergen, Norwegen

5
Küstenwachstation Clifden, Irland

Essen

1
Pastéis de Nata, Lissabon, Portugal

2
Pintxos, San Sebastián, Nordspanien

3
Crêpes, Bretagne, Frankreich

4
Cream Tea, Cornwall, Großbritannien

5
Full Scottish Breakfast, Schottland

Danke

Auf dem Umschlag des Buchs ist alleinig mein Name als Autor abgedruckt. In gewisser Weise hat dies auch seine Berechtigung, da ich die Geschichte unseres Abenteuers (mit Ausnahme von Katrins Tagebuchnotizen) niedergeschrieben habe. In Wahrheit aber hat das vorliegende Buch sehr viele Autoren, die direkt und indirekt, in unmittelbarem zeitlichem Zusammenhang und bereits vor Jahrzehnten an der Entstehung dieser Geschichte beteiligt waren. Ihnen allen gilt mein Dank. Insbesondere ein herzliches Dankeschön ...

... an meine Mama und meinen Papa, die mir die Welt gezeigt und das Reisen gelehrt haben.

... an Katrin für ihren Mut und ihre Abenteuerlust, diese Reise zu unternehmen, sowie für ihre wertvolle Stimme im Buch.

... an Tristan und Valerian, die ungefragt auf eine große Reise mitgenommen wurden und diese durch ihre Fröhlichkeit und kindliche Begeisterung zu einem einzigartigen Erlebnis gemacht haben.

... an Charly für seine Geduld und sein fachmännisches Können, um den Bulli reisefertig zu bekommen, sowie für seine vielen Ferndiagnosen und Ratschläge während all der Pannen unterwegs.

... an Davie, der unserem Bulli in Schottland neues Leben eingehaucht und es mit seiner Expertise ermöglicht hat, dass wir das Nordkap schließlich erreicht haben.

... an das Team vom Knesebeck-Verlag, das mit sehr viel Hingabe ein wunderschönes Buch ermöglicht hat.

... an Dieter Braun für die wunderbaren Illustrationen und genau das Buchcover, das ich mir immer vorgestellt habe.

... an »Papa-Bus«, unseren orange-weißen Bulli, der sich trotz aller Widrigkeiten tapfer geschlagen und uns immer sicher ans Ziel gebracht hat.

... an die vielen unbekannten Menschen, die uns mit einem Lachen im Gesicht zugewinkt und damit eine herzerwärmende und positive Untermalung der Reise geschaffen haben.

Deutsche Originalausgabe

Ein Unternehmen der La Martinière
Groupe

Projektleitung: Caroline Kaum, Knesebeck Verlag
Koordination: Gerdi Killer, bookwise GmbH, München
Lektorat: Dr. Claudia Caesar, Bad Vilbel
Layoutkonzept und Satz © Leonore Höfer, Knesebeck Verlag
Lithografie: Reproline-Mediateam, Unterföhring
Herstellung: Arnold & Domnick, Leipzig
Druck: PNB Print Ltd
Printed in Latvia

ISBN 978-3-95728-257-6

www.knesebeck-verlag.de

FSC
www.fsc.org
MIX
Papier aus verantwortungsvollen Quellen
FSC® C084698

Hirtshals
Isle of Islay
Burt
Slieve League
Dalbeattie
Newcastle
Clifden
IJmuiden
Ring of Kerry
St. Ives
Penzance
St. Malo
Carnac
Dune du Pilat
Cudillero
Santiago de
Compostela
San Sebastián
Porto
Lissabon
Sevilla
Sagres
Jerez de la Frontera
Gibraltar